Alls Guети
Zum Geburtstag!

Herzlich

Max Rue...

1. Auflage 2004
© Altberg Verlag Richterswil, 2004
Grafische Gestaltung Fredl Hofmann
Alle Rechte vorbehalten

Max Rüeger
Heb Sorg

Verse, Lieder, Chansons

Mit einem Vorwort von
Peter Zeindler

Autor und Verlag danken
der AMAG Automobil- und Motoren AG,
der Familien-Vontobel-Stiftung
und dem Präsidialdepartement der Stadt Zürich
für ihre Unterstützung

ISBN 3-9521782-3-3

Max Rüeger: «Suisse miniature»

Meine Erinnerungen an Max Rüeger gehen weit zurück. Manchmal denke ich, ich müsse sie in meiner Kindheit festmachen. Ich erinnere mich an einen Silvesterabend, als der Schweizer Volksschauspieler Emil Hegetschweiler am Radio ein paar Verse rezitierte mit dem Titel «Altjahrabig». Diese Formulierung, die in Zürich damals und vielleicht bei meinen Altersgenossen heute noch geläufig ist, habe ich eigentlich immer Max Rüeger zugeschrieben. Nur er, so dachte ich im Nachhinein, als ich ihn schon lange kannte, hätte dieses anheimelnde Wort erfunden haben können, das an Kindheit erinnert, an fragile Bilder, durchwirkt mit einem Gefühl von Geborgenheit, Vertrauen und auch Trauer.

Man denkt an Heimat. Aber eigentlich meint man an das «Heimelige»: Haus, Familie, Polstergruppe, Freunde, Garten, Quartierstrasse, Quartierbeiz. Das Territorium, aus dem Max Rüeger seine Bilder bezieht, die er dann in Verse giesst, ist klein, eine «Suisse miniature», die uns eben auf eine manchmal unheimliche Weise vertraut ist, auch wenn wir uns da nicht mehr heimisch fühlen, weil sie fast unheimlich heimelig ist und eben auch ein bisschen spiessig. Max Rüeger baut in seinen Versen Inseln, auf die wir uns retten können, wenn wir uns der so genannt grossen Welt nicht mehr stellen mögen. Er beschreibt die Idylle eines freien Samstagnachmittags, einer Metzgete, eines Personalausflugs. Er beschreibt Bewegungen, Befindlichkeiten auf einem überschaubaren Territorium. Er beschreibt sie mit seinen unverwechselbaren Worten, die am Ende der Zeile nicht krampfhaft den Reim herbeizwingen; der Reim fällt Rüeger scheinbar zu. Und er ist trotzdem immer originell.

Oft stutzt man: Wenn man gewisse Reimwörter isoliert lesen würde, könnte man denken, da schwinge ein surrealistischer Touch mit. Natürlich nicht – auch wenn Wörter wie «miecht» oder «Hämper» oder die Kombination «Sofa – Goof a» oder «settisch» manchmal so recht exotisch tönen. Und wenn ich diese Wörter als surreal empfinde, so hat es eben damit zu tun, dass Rüegers Miniaturen in unserem vertrauten Milieu angesiedelt sind, er aber dessen scheinbare Idylle immer wieder unterläuft, aufbricht und sie meistens am Schluss mit einem kleinen Schlenker in Frage stellt. Er meint mit einem Augenzwinkern eben dieses Spiessige, auch das Biedere, zu dem wir auf Distanz gehen möchten, aber er denunziert es nicht, er moralisiert nicht, er wechselt nur immer wieder beinahe unmerklich die Perspektive, hält einen Wimperschlag lang inne, lässt uns hinschauen und verwischt dann unsere Skepsis auch schon wieder mit einem überraschenden Reim, einem verblüffenden Wortspiel, fängt die Irritation in einem trügerischen Wohlklang des Reims auf.

Max Rüeger streift in seinen Versen mit leiser Ironie unser ambivalentes Verhalten, unsere unterdrückte Sehnsucht nach diesem Freiraum der Samstagnachmittagwelt, die Nostalgie nach diesem scheinbar intakten Dasein, das auch Teil unserer Kindheit war. Rüeger ist auf liebenswerte Weise subversiv.

In einem seiner Verse lesen wir, dass er den lauten heissen Sommer hasst, der einen in die Strandbäder und zwischen rot aufquellende Leiber treibt. Er mag die Tage zwischen den Jahreszeiten, die Schwellensituationen, die vibrierenden Phasen zwischen Winter und Frühling, zwischen Herbst und Winter. Max Rüeger ist ein Mann der subtilen Übergänge. Er beherrscht die leisen Töne und reagiert wie ein Seismograph auf die kleinen Erschütterungen in einer kleinen Welt, die zwar nichts bewegen, uns aber bei der Lektüre anrühren.

Es ist ein Glücksfall, dass seine Chansontexte, Cabaretnummern, Samstagabendlieder und Samstagsverse in diesem Band vereinigt und in einem geglückten Transfer von der gesprochenen Radiosprache in geschriebener Form vorliegen – über Max Rüegers 70. Geburtstag hinaus. Und wir hoffen, dass er zusätzlich zu seiner gestandenen Leser- und Hörerschaft zwischen Binz und Affeltrangen, seinem geographisch bevorzugten Reimwort, viele neue Leser finden wird, die sich von seinen Versen fesseln lassen.

                                              Peter Zeindler

Früelig

Heb Sorg!

Heb Sorg zu jedem Jahr, wo chunnd.
Es lauft villicht nüd alles rund.
Es chönnt ja sii, mängs liit dr quer.
Und lache fallt dr öppe schwer.
Heb Sorg!

Heb Sorg zu jedem liebe Mänsch,
wo dich guet kännt, wo du guet kännsch.
Wo dich eso, wied bisch, vertreit,
und was er tänkt, au ehrlich seit.
Heb Sorg!

Heb Sorg zu jedem gseite Wort.
Bhalts ehner zrugg. Bruuchs nüd sofort.
Hau gschiider, nu wännt sicher bisch,
so richtig zümpftig uf de Tisch.
Heb Sorg!

Heb Sorg hingäge, das wär guet,
trotz allem zume bitzli Muet.
Pack e Idee, chuum häsch si ghaa,
au ohni Goldwaag eifach aa.
Heb Sorg!

Heb Sorg zu jedem Tag im Jahr.
Tänk nüd an Herbscht im Februar.
Freu di, wänn Freud chasch wiitergäh.
Lass dir au eigni Träum nüd näh.
Heb Sorg!

Z früene Früelig

Es tunkt eim, s seig z früe Früelig worde.
Und das jetzt – Ändi Januar!
Kei Schpuur vo Chaltluft-Front us Norde.
De Föhn verwuschled Meitlihaar

us vollne Bagge, ohni z frage,
und schläckt dezue de Schnee vom Land.
Er freut sich über Chopfweh-Chlage.
Und d Grippe nimmt au überhand.

In Berge machts Snowboarder-Völkli
de Hiphop-Schwung im bruune Teig.
Und kitschig-rosa Schöfliwölkli
sind ganz en klare Fingerzeig,

dass jede Morge chönnt passiere,
me gsächti Bluescht scho a de Escht.
De Jänner wott de März blamiere,
und gitt em Februar de Rescht.

Fahrsch Auto wienen Indianer,
wos erschtmal mitme Velo schpillt,
wills Klima – vill meridianer –
de Niki Lauda i dir killt.

Magsch chuum mee über Witzli lache.
Und was de Föhn zum Biischpiil schafft:
Bim «Quer» im Fernseh chasch vertwache.
Und findsch d «Arena» fabelhaft.

Dee z früeni Früelig macht eim kurlig.
Nu: Hoffed mer, im Februar
gäbs äntli Schnee, wo dänn au z Chur ligg,
und z Brienz und z Händschike und z Baar.

De März isch nanig a de Reihe.
Mir wännd im Januar nüd Maie.
Und zwar us de Erfahrig: Will –
susch chunnd im Juli de April.

Zaawee

Es cha ohni wiitres sii,
dass uf eimal znacht vertwachisch.
Ungfähr gäg di halbi drüü,
wo doch überhaupt kei Krach isch.

Wo kei Auto mit z vill Phöner
tschättered grad vor diim Garte.
Au din Pudel findt, s wär schöner,
wänn er würd mit Bäle warte –

plötzli merksch, lang scho vors taged,
wie dich scheusslichs Zaawee plaaged.

S fangt aa zucke, s fangt aa bore,
s fangt aa riisse, s fangt aa zieh.
Über d Chopfhuut via Ohre
häsch es Hämmere wie nie.
Tüüf bis z tüüfscht in Zehen abe
haued mee als tuusig Volt.
Und dänn fangt en Trax aa grabe
undrem lingge Schtockzaa-Gold.

Muesch zum feufte Mal neu bette,
will im Muul dir permanänt,
trotz bewährte Schmerztablette,
wiiter s Füür in Holland brännt.

Am Namittag dänn, vor de viere,
seit dir de Zahnarzt: «Ja, doch, doch –
die Schmerze sind nüd liecht z kuriere.
Sie händ e zümpftigs Januarloch!»

Oschtere

Ich glaub, jetzt isch doch würkli Früelig worde.
Die erschte Chiffon-Chleidli schlüüfed langsam uus.
Und ganzi gäli, roti, lila Horde
vo Krokus schtönd i Grüppli vor em Huus.

D Frau Koller schticht de Schrebergarte ume.
De Maa malt Feischterläde aa.
Und wänn ich gäg die achti heizue chume,
hätt d Sune grad Fiiraabig gha.

De Oschterhaas mues das Jahr mit de Eier
nüd dur de Schnee und hätt kei chalti Füess.
Und i de Schtammbeiz trinksch dr erschti Zweier
am offne Feischter. S erschti Gmües

wo chaufe chasch, ich meinti, das sind Chäfe.
Me weiss das hüttztags ebe nüme gnau.
Und z Bümpliz, z Gommiswald und z Stäfe
gseesch uf em Balkon mängi Frau,

wo wie vergifted wild Matratze chlopfed.
Sie lüfted d Wohnig und em Maa sin Prince de Galles.
Und wänn z Davos Sulz vo de Dächer tropfed,
schpillt jedes Schtadt-Theater «Parsifal».

Uf d Schtrasse maled Mane mit Motörli
die gäle, wiisse Schtreife uf d Beläg.
Und da und deet macht sich es Jodelchörli
im «Ochse»-Saal für s Früeligs-Singe zwäg.

Die Illuschtrierte werded wider ticker.
De Nachber flueched wägre Schlankheitskur.
De Garagischt seit, uusnahmswiis nu schick er
e Rächnig für die letscht Reparatur.

De Chef mag mit de Sekretärin lächle.
Er gseet, si chunnd im Mini zum Diktat.
Bald tunkts di, wohnsch im Süde, nüd im Norde.
S isch Früelig. Und s isch wider Oschtere worde.

Im Schpiiswage

Im Hauptbahnhof schtiigsch ii in Wage,
und möchtisch gern, sobalds dänn fahrt,
din zimli leere Chnurri-Mage
neu fülle mit dem uf de Chart.

Du zwängsch di zumene Gedeck ie.
De Tschoope leisch is Päcknetz ue.
Entfaltisch d Ziitig über s Bschteck ie,
und freusch di uf es bitzli Rueh.

Es Fläschli Wii schtaat scho am Feischter.
Und churz bevor grad d Suppe chunnd,
empfillt de Monsieur Chällermeischter
dir sehr en Rote vom Burgund.

De Zug saust dur de Bahnhof Schliere,
wos dänn zum erschte Mal passiert,
dass ufre Weiche, bim probiere,
en Suppeschprutz dis Hämp kariert.

Scho im Tunnel, churz vor Bade,
wird Salat in Täller gglade.
Bi dr Iifahrt vor Killwange
törfsch für Brot is Chörbli lange.

I de Kurve grad nach Turgi
merk i, dass i z schpaat bin, wurg i
als de letscht vom Coupé-Grüppli
s letschti Flädli us em Süppli,
gibe s Gschirr em Chällner zrugg,
und chumm Erbsli über z Brugg.
Glii druufabe, zmitzt in Schinznach,
fülleds eim ein Stück des Rinds nach,
und sobald me Frick mag gseh,
s zweiti Mal Pommes risolés.

Z Mumpf gitts Gruyère, Appizäller
und e Fiige uf de Täller.
Z Möhlin scho de Kafi Schnaps,
präventiv gäg Darmkollaps.

Wer mitchoo will bim Dinner-Ränne
im Schwiizer Wagon-Reschtaurant,
dä sött scho d Schtatione känne,
dermit er s Ässe richtig plant.

Dänn schafft er, mit es bitzli Glück und Masel,
es Menü ring vo Züri bis uf Basel.

Nachtüebig

De Schlumpf liit uf em Buuch
im Heidelbeeri-Schtruuch.
Und nassi Rägetröpfli
die tröpfled uf sis Chöpfli.

Es isch bald halbi zwei.
De Schlumpf wett lang scho hei.
Er wür vill lieber schlafe,
anschtatt i d Nacht ie z gaffe,

öb ächt die böse Find
scho z Bachebüüli sind.
Uf eimal chunnd de Hauptme
und seit: «Wie d Lag isch, glaubt me

de Gägner seig im Wald
bi Büüli und chömm bald.
Sie gönd go patrouilliere –
und mälded vor de Viere.»

Dänn gseesch, wie sich dur d Nacht
de Schlumpf uf d Socke macht.
Au wänn de Schlumpf nüd blind isch –
er merkt nüd, wo de Find isch.

Er lauft im Tunkle nur
verzwiiflet dur d Natur.
S wird schpaat und immer schpööter.
De Schtimmigsbarometer

sinkt langsam mee und mee:
De Find isch nienet z gsee!
De Schlumpf hauts vor de Viere
doch goge rapportiere.

S wär zwar nüd nötig gsii,
dänn d Üebig isch verbii.
De Find scho lang vernichted.
De Schtriit um Büüli gschlichted.

Am Aabig druuf seit sich de Schlumpf am Biertisch:
«Suech z Büüli nie en Find, wo supponiert isch.»

Für de Max Daetwyler

Er isch am Bellevue gschtande
und hätt ganz eifach gredt.
Hätt diskutiert,
geschtikuliert,
und, wie wänns nüüt wär, so zu Hande
vo de Passante
inere gwandte
und doch simple Art gseit, was er wett.

Er hätt en wiisse Fahne gschwunge.
Und dee au z Moskau, z Kairo, z Kuba treit.
Was er hätt welle, isch nüd grate.
Die Grosse vo de grosse Schtaate,
die Mächtige
i ihrne prächtige
Regierigshüüser,
die händ en ohni z lose vorher usegheit.

Au i de Schwiiz händ en die Hööche gmide.
Vill oberschti Bosse,
vill Öberscht uf Rosse
ihm Schtei in Wäg grüert, ohni z tänke.
Er isch verdächtig gsii. So klar, entschide
und kompromisslos für de Fride.
Au i de Schwiiz,
jä Sie, das gitts,
törf me nüd ungschtraft wiissi Fähne schwänke.

Mit schwarz vertrampete Schuehbändel-Schueh,
in Hose us em vor-vorletschte Sortimänt,
dänn uf em Chopf es Beret basque. Derzue
en Bart. Und ebe ja: De Fahne. So hämmer en kännt.
Er hätt zu mängem Nei gseit.
Und nüd nu gseit. Er hätts au praktiziert.
Er isch wie chuum en andre konsequänt gsii,
und drum wie chuum en andre au vo andere verchännt gsii,
und wäg siim innre Füür vo usse prännt gsii.
Er hätt mit Läbe – und nüd bloss mit Schprüchli rebelliert.

Natürli hätt er au dernäbed ghaue,
und in zürihelle, züriblaue
Himmel ufetunnered als bärtigs Gwitter,
anschtatt lau und flau rhetorisch z fächle.
Aber grad drum hätt dee Schtriiter
mee verdient als jovials Kantonsrats-Lächle.

Ich weiss genau: Dä Vers-Rhythmus holpered.
Er lauft nüd formvolländet, heiter, guet.
Nu ebe isch au de Daetwyler immer wider gschtolpered.
Aber nie umgheit. Halt en Maa mit Muet.

Uf all Fäll wärs kei Schand,
me würd i eusem Land
na lang a dee Aposchtel tänke,
und a siis ehrlich Fahneschwänke.

Mir alli sötted ihm vo Herze tanke
für s Schwänke vo siim wiisse Fahne.
Ohni z schwanke.

Vita-Parcours

Wer praktisch nur im Büro sitzt,
und s Telifon als einzigs schtämmt,
wer höchschtens wäg Bilanze schwitzt
und bi de Dividände chlämmt,
fangt mit em Organismus Schtriit aa.
Und parcourt drum am beschte vita.

Wänn s Sünneli na halbe pfuused,
die vo de Nachtschicht heizue gönd,
en matinale Kater muused,
gseesch wiene paar am Waldrand schtönd.

Sie hüpfed über Beerischtude.
Sie dehned eis-hopp-zwei-hopp s Chrüüz,
und binre Waldarbeiter-Bude
gitts dänn es Dutzed Liegeschtütz.

Sie gumped über queri Balke.
Sie chreised d Ärm nach rächts und links.
Sie lönd siich chnätte, trucke, walke,
und huured zäme wiene Sphinx.

Druuf schlönds en Hürde-Sprinter-Schritt aa
als Kampf gäg süesses Dolce vita.

Wänn d Füess vom Umeräne rund sind,
und d Lunge pfiift «El Condor pasa»,
machsch na feuf Überschläg, wo gsund sind,
und nachher hausch es gschwind a casa.

Wänn deet in vierte Schock ue rännsch
und ohni z chüüche zweimal lüütisch,
und na im Gang en Salto büütisch –
dänn weisch: Jetzt bin ich sonen Mänsch,
wo au dee Tag dur ganz beschtimmt
mit Schwung die höchschte Hürde nimmt.

Zirkus

Maschte schtönd und Lämpli hanged.
Plache gschpannt und glatt.
Grossi, chliini Goofe planged
uf de Zirkus i de Schtadt.

Da gitts Tiger und Jongleure.
Und en schwarze Maa frisst Füür.
Chasch es Nilpferd nüüsse ghöre,
wie diheim d Frau Haberthür.

Lippizaner levadiered,
wänns am lange Zügel gönnd.
Und zwei Poneli probiered,
öbs es wie die Grosse chönnd.

Am Trapez im Silberflitter
schwingt es Meitli hin und her.
Unde boueds s Raubtiergitter
ab, wie wänns us Lego wär.

Glöön i z wiite, z lange Hose
händ es Wunderauto feil.
Und i eleganter Pose
schtönd vier Brüeder uf em Seil.

Öb de Zirkus winzig chlii isch
oder prächtig wie de Knie isch,
öb s Orcheschter nur vier Händ hätt
oder öbs e schiggi Bänd hätt,
öb d Frau Chefin höchscht persönli
Musig macht per Grammophönli,
öb zwölf Spots i d Kupple zünded,
oder öb vier chliini Pfunzle
Müeh händ, bis en Pudel finded,
wo probiert, im Chopfschtand z schmunzle –
chunnd im Grund ja nüd druf aa.
D Hauptsach isch: Es Zält schtaat daa.

Schtuune, Schtööne, Klatsche, Lache.
Jede Aabig fascht drei Schtund
gseet mer tuusig tolli Sache,
wänn de Zirkus zuenis chunnd.

Luschtig, schpannend, mängisch gföörli,
voll vo Farbe, Geste, Tön:
Zirkus isch für mich es Määrli.
Nüd ganz wahr – und schampar schön.

Wänn Mane choched

Ich han en Fründ, wo choched.
Nüd us Wuet.
Sondern guet.

Mane, wo mit bunt bedruckte Chuchi-Schöössli
vor em Herd euphorisch Chelle schwinged,
wo bim Schmöcke ame pundne Brate-Söösli
vor Entzücke nu na Uurluut usebringed,

die, wo Ziit und Ruum komplet vergässed,
wänn de Ofe under Schtrom isch,
die, wo eme Blätzli d Fieber mässed –
senig Mane find ich komisch.

Zwar sinds kulinarisch fachlich dure.
So wie Entrecôte nüd sötted sii.
Doch sobald de Mage aafangt chnurre,
setzt en Mechanismus automatisch ii,

wo nüd eifach findt: Ich wett jetzt ässe,
sondern wo de Hunger schtrukturell zerleit,
sofort aafangt füffzää Gwürz abmässe
und dänn wie us heitrem Himmel seit:

Bi dem Schwiinshals dominiert als Goût japanisch.
Und zwar südjapanisch oder Nagasaki.
Während uf de Rüebli Thymi- oder Majoran isch,
will das d Eigenart vo Rüebli besser packi.

All die Freiziit-Bocuse oder Hobby-Schraemli
mitme Wältbild zwüsched Sämf und Schwämmli,
mached usme simple Schtückli Flunder
für en Laie bim Zmittag es Wunder.
Und wer meint, dass me Fisch nur im Anke tröli,
degradiert sich rettigslos zum Cuisine-Löli.

Gaat mer irgendwo sehr chic go schnabuliere
ame Aabig, säged mer zwei Ehepaar,
müend die kultisch jedes Erbsli gschmacklich definiere,
und de reservierti Tisch wird zum Altar.

Und dänn schwärmeds, a dem Platz deet z Barcelona
heigs en Chef, dee bröötli Steaks mit süessem Mohn aa.
Und de Bsitzer vome Beizli z Affeltrange
dämpfi Bluemechol e Schtund mit Vanille-Schtange.

Hobby-Chöch chönd dir i drei, vier Sätz prezis bewiise,
dass du kulinarisch schlichtwägg nüüt verschtaasch.
Und es bringi nüüt für diich, dass du für tüüri Priise
ohni Background eifach gmüetli fein go ässe gaasch.

Dänn: Wer als Maa nu ässe und nüd sälber choche cha,
hätt höchschtens Aarächt uf es Püürli mitme Serbila.

Schuelaafang

Won ich vo dem Vers de Aafang gschribe ha,
isch mer vor mer uuftaucht – uf ein Schlag:
Ich wüsst nüme, was ich deezmal tribe ha,
a dem schiints markante erschte Tag.

A dem Tag, wos gheisst, er seig Zäsur,
und es ligg naturgemäss i de Natur
vo dem Tag, dass jede siich erinneri
an e grösseri, au an e chliineri
Episode, wo mer so als Chind
s erschtmal Schüeler schtatt nu Chind gsii sind.

Ich erinnere mich nu na: Miis
Schuelhuus isch eis gsii wie us em Lexikon.
Mitre Schtäge und dervor en Platz. Und Chiis.
De Verputz i some gräulich-depressive Ton,
s Werch vome fruschtrierte Architekt,
wo dermit na hütt d Umwält verschreckt.

Dänn erinner ich miich an en Maa
mitme Übergwändli, eme Zwänzgabachti-Muul.
Irgendwie gseen ich en vor em Iigang schtaa.
Irgendwie fangt dä mir – komisch – jetzt na aa,
wider so wie deezmal uf de Wecker gaa:
De Herr Abwart Lüthi. Vulgo Gross-Mogul.

Erschte Schueltag. Erschti Klass.
Mini erschti erschti Lehreri
(uf de Foti gseen ich das)
isch, oh je, d Frau Ritzmann gsii.

Und, klar, uf de gliiche Foti
sind au d Doris, d Bernadette.
Und en Ticke! Dasch de Otti.
Schwer katholisch. Aber nett.

Und dänn, z oberscht, ime Blüsli,
lached herzig s Annelisli.
S isch, ich bliib bis hütt derbii,
scho min liebschte Schuelschatz gsii.

Bi Schturm und Räge, Wind und Gwitter,
hätt mir das Schätzli Annelis
(als Töchterli vome Konditer)
Crèmeschnitte ggää zum halbe Priis.

Jedes Schuelhuus hätt e Schtäge.
Jedi Klass e Lehreri.
Oder Lehrer, mues me säge.
So wirds sicher hütt na sii.

Und au hütt na tänk ich immer
a dee Tag zrugg – und das Zimmer.
Nur – ich tänk halt au derbii:
Isch es d Schuel für s Läbe gsii?

Personaluusfluug

Ame Morge hanged näbem Uusgang,
rächts am Schwarze Brätt im Huusgang,
vo de Diräktion en Uushang:
«Übermorgen: Personalausflug!»

Am sibni zwölf, uf Perron eis,
ganz z vorderscht ime reservierte Wage,
isch Schtart vo dere Schuelerreis.
De Personalchef hätt en gschtörte Mage
und chlönd: «Wüssedsi, sitt Jahre
chan ich im Zug nu fürsi fahre.»

De Herr Diräkter Bluemetal
und de Herr Habersaat, sin Vize,
sind sehr relaxed und jovial,
und möchted bi de Lehrling sitze.

De Magazinchef Kuenz, susch s ganz Jahr hässig,
probiert mit em Maschinemeischter z lache.
Das tunkt die andre scho es bitzli gschpässig.
Und dänn gitts Zmittag. Pot au feu. Z Truebschache.

De Heiri Frei, Europa-Dischponänt,
fangt vome Schluck Malanser mächtig Druck ii,
und schtarted, was me susch bi ihm nöd kännt,
es Techtelmechtel mit em Fräulein Stucki.

D Fahrt im Car
isch wunderbar.
Und de Fritz
weiss Hüüffe Witz.
Vorne schtellt er s Mikrophon aa
und so ghörts die ganz Corona.

Wämmer vo de Fahrt halbtot isch,
und de Aabighimmel rot isch,
isst mer ime «Hirsche»-Saal.
Will de Dessert nüd parat isch,
und wills einewäg scho schpaat isch,
redt de Chef zum Personal.

Er betont s guet Arbetsklima,
findt die ganz Belegschaft prima.
(Au die mit Malanser-Fahne.)
Und dänn ehrt er Veterane.

Am elfi, uf em Perron eis,
ganz z hinderscht ime reservierte Wage,
isch Schluss mit dere Schuelerreis.
Und i de Firma redt mer na nach Tage
vom Chauffeur Miljanic, wo nu na glacht heg
und mit de Werbe-Assischtäntin Duzis gmacht heg.

Am nächschte Morge fehlt bim Uusgang
rächts am Schwarze Brätt im Huusgang
scho de rotumranded Uushang
in Bezug uf Personaluusflug.

De Magazinchef Kuenz isch wider hässig.
De Vize Habersaat isch wider gschpässig.
Und au de Fritz
weiss nüme Witz.

Nu s Fräulein Stucki und de Heiri Frei
gänd sich ganz anderscht. Und es sei,
so ghört me, bald emal es Hochsig drin.
Me lehrt druus: Personaluusflüg händ doch en Sinn.

De Maa am Morge

Ich känn siin Name nüd. Au nüd d Adrässe.
Ich känn nu s Gsicht, will ich das jede Morge gsee.
Das Gsicht verdient nüd schpeziells Inträsse.
S isch Durchschnitt. Und es gitts na mee.

S ganz Jahr duur treit er dunkelgrüeni Socke.
D Grawatte: pünktled oder fiin kariert.
Vo siine Haar isch keis lang gnueg für Locke.
Hingäge isch er meischtens schlächt rasiert.

Am Bellevue bliibt er vor em Rondell schtaa,
luegt deet a d Uhr, vergliicht, und chauft en Illuschtrierti.
Dänn gseesch en zügig Richtig Tüüfebrunne gaa.
Schtuur z Fuess. Wie wänn käs Tram deet use fierti.

Bim Laufe schlänkred er nervös si Mappe.
Nei, s Mäppli. Das Modäll choscht wenig Gäld.
Es tunkt eim au, es seig nur e Attrappe.
En chliine Maa schpillt grossi Business-Wält.

Ganz konsequänt, wies sii mues, warted er bim rote Liecht.
Ja, scho bim gäle schtoppt er maschinell perfäkt.
S schiint überhaupt unmöglich, dass er irgend öppis miecht,
wos inre Vorschrift gheisst, das seigi unkorräkt.

Suscht aber würkt de Maa wäg überhaupt nüüt ussergwöhnlich.
Er gliicht siich fotografisch jede Morge, Tag für Tag.
Und trotzdem merkt mer, dass en gitt! Das isch versöhnlich
für tuusig andri Mänsche vo dem Schlag.

Summer

De Summermuffel

Judihui, wänn d Sune lacht
und e früntlichs Gsichtli macht,
dänn verschwinded Trüebsal, Chummer,
will mer weiss: Jetzt chunnd de Summer!

Fasch gar alli sind sich einig,
dass de Summer herrlich sigi.
Ich ha da en andri Meinig,
und, ganz ehrlich gseit, verschwig i

nüd, und säges nüd als Gschpässli:
Summer tunkt mich, leider, grässli.

Sunebrand bim Umeblüttle!
Vor em Feischter jede Morge früe
ghörsch e Leitchue d Glogge schüttle
plus die vo de Under-Chüe.

Scho am drüü pfiift en Pirol,
underschtützt vo sächzää Kirschkernbeisser,
«Ach wie schön ists im Tirol.»
Me vertwached. Und s wird heiss und heisser.

D Natur riisst eim brutalo us em Schlummer:
«So, loos, zum Näscht uus. Hopp, s isch Summer!»

I de Schtadt chasch nur na schweissnass läbe.
Bim Schpaziere i so Schnälleli-Sandale
bliibsch bi jedem Schritt im weiche Asphalt chläbe.
Und im Tram liidsch mit de Nase Hölle-Quale.

So, dass stöönsch, chuum bisch dihei:
«Oh, let's spray, oh yeah, let's spray!»

I diim Schtammlokal, bim Zmittagässe
bisch, au wännt elei bisch, nüd elei.
Sibe Wäschpi wännd mit dir diis Gschnätzlet frässe,
und e Flüge schwadered im Kafi mit de Bei.

Ja klar: Im Garte wachsed wie verruckt
so landwirtschaftlichi Produkt.
Und drum häsch, eige-garte-frisch
für Wuche s gliich frisch uf em Tisch.
Tagelang i allne Variatione
Höckerli und Schtangebohne,
schtopfsch und schlucksch, bis s nüme gaht
scho zum Znüüni Chopfsalat.
Alles, was mer dur de Summer so cha pflanze,
mues à tout prix us em Pflanzblätz schwupps in Ranze.

Ich höre uuf, da wäg em Summer z schtööne.
Ich wächsle muff au hütt na zweimal d Hämper,
und freu mich eifach jetzt scho uf en schöne,
das gheisst en chüele, nasse, düschtere Novämber.

De Lade im Dorf

Am Dorfplatz linggs vom Rank, bim Brune,
isch s Lädeli vom Fräulein Graf.
S Schaufeischter hätt nu Morgesune,
bis fascht am eis sind d Schtore dune,
und d Uuslag macht de Mittagschlaf.

S isch s einzig Gschäft, wo alls chasch chaufe.
En Supermärt im Disneyland.
Öb Kafigschirr, öb Hänkelschlaufe,
öb Camembert, wo scho cha laufe –
häsch alls und jedes bi dr Hand.

Me tänkt, me würd nie öppis finde
im Gnuusch vo Gschtell und vo Regal.
S gseet uus wie uf dr eigne Winde,
wie s Baschtelzimmer vo de Chinde.
Und zmitzt drin schtaat na s Personal.

Im Feischter gseet mer s Jahr duur Sache,
wo gar nüd glaubsch, dass senigs gitt.
Wer uusschtellt, hätt nu ganz en schwache
Begriff, was grafisch so chasch mache.
S fehlt halt für s Décor de Kredit.

Hingäge wird mer immer früntli
bedient, au wänns nu wenig macht.
D Lehrtochter scho kännt s Lager grüntli,
wer öppis bschtelle will, bschtellt müntli,
vom Fade bis zum Fertigznacht.

De Iigang gaat nüd automatisch.
Bim Uuftue schlaat es Bim-Bam aa.
Au wänn e Chundin echli schpaat isch,
und s Znacht im erschte Schtock parat isch –
me gitt eim na, was me mues ha.

Me chan au s Chind go poschte schicke.
Mit Gäld, abzellt im Portmonnee.
Sie gänd em meischtens Guetzli z bicke.
De Suppeschtänder sött me flicke.
Dä hätt sitt Jahre Ruggewee.

S chlii Lädeli – es weiss na nüüt
vo Iichaufszäntrum, Fashion-Fair.
Nu: S ghört zum Dorf wie s Chileglüüt.
Und niemert wett, dass grösser wär.

Schtrandbad am Sunndig

Am Sunndigmorge hätts
für tuusig Wälle-Fründ
im Schtrandbad freii Plätz,
wo na im Schatte sind.

Es Schtündli schpööter hätts
zweituusig Wälle-Fründ
uf dene tuusig Plätz,
wo nüme schattig sind.

Uf eim Platz ligged zwei.
E rot-grüen-gäls Bikini
mit lange, bruune Bei –
(meinsch zersch, es seigi diini

Gemahlin.) Aber s isch
en anderi. Will diini
im Kafi ame Tisch
im gliichlige Bikini

e Zwätschgewähe schnabuliert,
vo füffzäh Wäschpi attackiert,
wo summed, sie seig süess.
Nüd d Frau. Nei, d Wähe. Grüess –

die schickt dir underdess
bim Warte de Herr Hess.
Er tschuutet mit de Chinde,
und tüpft schtatt s Gool nu Grinde.

Vom Schprungbrätt ghörsch es Grööl.
S hätt eine Angscht zum Gumpe.
De Gschtank vom Suneöl
vertriibsch mit eme Schtumpe.

Me findt a schöne Sunndige
de Wäg is chüeli Nass
nur über rundi Rundige.
Und mängisch macht dr das

es bitzli Schwirigkeite,
will, ohni dass es wettisch,
uf irgend sonen breite
Popo trampsch. Was nüd settisch,
will das die ander schtört,
und dir en fremde Hinder
nüd ohni z frage ghört.
Am Aabig wirds dänn linder,

und nach de Sibne hätts
für tuusig Wälle-Fründ
im Schtrandbad freii Plätz,
wo wider schattig sind.

Du nimmsch d Familie a dr Hand,
und mitme feine Sunebrand
gaasch i d Kabine zu diim Gwand
und tänksch: En Sunndig ame Schtrand

wär ja im Grund vergnüegt und nett,
wänns ussert dir kei andri hett.
S Problem isch nu, so meinti ich:
Die andere – die tänked s gliich.

Chilbi

Uf em grosse Platz grad näb de Chile
und am Egge vo de Gmeindskanzlei
ischs im Allgemeine s Jahr duur schtille.
Und s hätt immer Parkplätz frei.

Bis dänn ame Dunnschtig oder Friitig
plötzli alles echli anderscht chunnd.
S seigi Chilbi, weiss mer us de Ziitig.
Und das isch für d Goofe Grund,

nach de Schuel nüd heizue z räne,
sondern z luege, wies e Zauberschau
und en Autoscooter deet bim «Leue» äne
boued. Und de Sky-Star au.

S erschtmal hüür sitt villne Jahre
hätts sogar e Geischterbahn derbii,
wo dur Tüüfel und Skelett chasch fahre,
und es Gspängscht mues bluetig sii.

Magebrot und Türggehonig
schmöcked süess i jedre Wohnig.
Und mit Bolzegwehr chasch schüüsse
und en Chette-Schpränger gnüüsse.
Und en Fakir schuudered eim schüüli,
wo tiräkt us Hinderindie chämi.
(Under eus gseit: Dä wohnt z Bachebüüli
und heisst Hungerbüehler Sämi.)

Uf em grosse Platz grad näb de Chile
und am Egge vo de Gmeindskanzlei
wirds am Ziischtig nach de Chilbi wider schtille,
s hätt für alli Parkplätz frei.
D Chilbiwäge fahred wiiter.
Churz häsch s Rumple na im Ohr.
Und de Urwaldmänsch im Isegitter
hockt als Mänsch wie du und ich
scho am Schtüür vo siim Traktor.

Und im nächschte Dorf, im nächschte Blettli,
für die nächschte Lüüt im nächschte Schtedtli,
fangt am nächschte Weekend wider d Chilbi aa.
Freued mir eus au na wiiter dra.

Na anderscht gseit, mitme profane Satz:
Au fahrends Volk hätt gern en feschte Platz.

Mitbringsel

Ich ha ja für dä Vers scho gar kei Ziit!
Au wämmer villicht seit, dass mer druuf warti.
Hütt isch en Tag, wo käs Gedichtli dineliit.
Ich mues hütt zaabig nämli ane Garden-Party.

D Gaschtgäber-Fründ sind Fründ mit Fantasie.
Die lönd sich sonen Aabig immer öppis choschte.
Ja, dene fallt Charmants und Liebenswürdigs ii.
Da mues mer eifach zwangswiis goge poschte,

wills nämli eis Problem z verschaffe gitt:
Was bring ich als Mitbringsel mit?

Uf kein Fall bisch mit Boutique-Gschänkli-Mischt «in».
Und au mit Blueme häsch es furchbar schwer:
D Frau Huusherr isch begeischtreti Florischtin,
und ganz vergifted hinder so Exote her.

Da triffsch im Entrée Palme-Kaktus, züchted in Davos.
Und Edelwiiss-Schneeglöggli frisch vo Barbados.
Drum schtaasch mit ere simple Hampfle Gerbera
bi de Frau Huusherr ehner wien en Trottel daa.

Au es Keramik- oder Porzlan-Ross isch problematisch,
will i dem Punkt de Huusherr sälber voll uf Draht isch.
Er töpfered und modelliert mit Passion himself. Der
macht virtuos us Zürcher Ziegel richtigs Delphter.

Scho bi de letschte Garden-Party hani schtolz
gmeint, ich chönn mit mim Mitbring-Iifall lande:
En Harass müesam zämegschtoles Roseholz...
Nu sind bereits feuf i de Loggia umegschtande.

Ich has probiert mit Glasblas-Väsli.
Vom Niederer. He ja, vom wem dänn suscht.
Ich has probiert mit Schmeichel-Häsli,
wo s Pelzli luschtig chützled a de Bruscht.

Es T-Shirt mit em WWF-Bär vornedra
händs au scho fascht i allne Grösse gha.
Die nüünti Symphonie vom Ludwig van
mit eme Poster (Grossformat) vom Karajan
isch au mit Pauke und Trumpete duregheit.
En andre Gascht hätt mir so gäg de Morge gseit,
dass er in Sache Klassik eusi Fründe känni.
Die schtönded ehner uf den Bernstein Lenny.

Ich meine: Nüd dass mini Fründ es Gschänk erwarted.
«Es wär nüd nötig gsii, jänei au, tänk...»
Nu ebe: Wer a sonre Garden-Party parted,
hätt ohni Gschänk ganz sicher sälber s Gschänk.

1. Auguscht

Es isch sowiit. Minute zeled,
bis d Musigkorps mit Inschtrumänt
sich schtramm uf Podiümer schteled
und öpps schpiled, wo mer känt.

Jetzt ischs passiert. Nach drüü Minute:
Eröffnigsmarsch und Schlussakkord.
De Biifall – nanig sonen luute –
löst dänn em Redner s erschti Wort.

Er wott nüd so, wie jede rede,
und redt drum wider so wie jede,
will ebe dee, wo anderscht wett,
nüd weiss, wer suscht na anderscht redt.

Nach eme lange halbe Schtündli
fangt er zum Glück de Schluss-Satz aa.
Er zieht Bilanz. Sehr ernscht und grüntli.
Und dänn chunnt wider d Musig draa.

Me singt de Psalm. Die erschti Schtrophe.
Die nächschte mööned mer sonor.
En Vatter schimpft mit siine Goofe.
De dezimierti Gmischti Chor

(s isch leider so: Grad vier Tenör sind
schtatt uf em Podium am Meer.)
Und will Tenör d Hauptsach vo Chör sind,
merksch die Absänze klanglich sehr.

De Chind mit ihrne Lampiöner
sind denig Detail ganz egal.
Die tunkts, wänns tunkled, immer schöner.
Die gnüssed Cherzli, Feuk, Bengal.

Wänn Chind mit Schwärmer umeräned,
wänn Höhefüür am Dorfrand bräned,
wänn Flimser, Bieler, Churer, Urner
sich freued a de wiisse Turner,
wo zeiged, wills hütt Erscht Auguscht isch,
was alls für Chraft i ihrer Bruscht isch.
Wänn d Menü-Charte i de Beize
wännd mitme «Filet Rütli» reize,
wänn jedes Dampfschiff, jedes Bähnli
siich usebutzt mit Schwiizerfähnli,
wänn Schwiiizer z Lima Bratwürscht gnüssed,
im Botschaftsgarte Armbruscht schüssed,

dänn säged patriotisch alli
im Sernftal und im Centovalli,
uf de Scheidegg, im Prättigau:
«Frei sii isch schön. Und frei haa au.»

De Mocke Schtei vom Mond

Da liit en Mocke Schtei x ime Krater.
Liit uf em Mond, wiit vo de Wält, elei.
Und plötzli chunnd de Armstrong, plötzli schtaat er
zmitzt i dem Krater, vor dem Mocke Schtei.

Er tänzled fliissig mitme Plastic-Bhelter,
und sammled Geologe-Probe ii.
Und ganz per Zuefall, ohni z frage, wählt er
dee Mocke Schtei, wo Dokumänt törf sii.

Nach hunderttuusige Computer-Schtunde
und Millione Kilometer chunnd dä Schtei
– me weiss, me hätt en ime Krater gfunde –
als Wält-Sänsation uf d Erde hei.

Dee Mocke Schtei, vom Mond es winzigs Bitzli,
wo s gross Amerika eus pracht hätt,
dee isch jetzt z gsee i eusem chliine Schwiizli
und wandered dur Dörfer, Schtedt.

De Franz vo Züri und de Fritz vo Muhe,
und tuusig andri Mänsche säged: Aaah –
dee Mocke Schtei chunnd «aus dem Meer der Ruhe».
Wie schön, dass d Schwiiz dee Mocke bhalte cha.

Wämmer das Gschänk ganz nüechter und real klassiert,
händ d Yankee eus – en Schtei in Garte grüert.

Home-Trainer-Traum

Diheim im Baschtelruum schtaat sones Grät,
wo, wämmer chreftig tramped,
en rote Kilometer-Zeller träht,
und mängisch echli gamped.

Home-Trainer heisst das Inschtrumänt.
Kän Meter chunnsch dermit vom Fläck.
Bliibsch nur an Ort i de vier Wänd.
Derfür wärs, seit me, guet gäg Schpäck.

Ich weiss nüd, mir passierts na glii,
dass, chuum wänn ich d Pedale schnalle,
uf eimal plötzli d Fantasie
us mir das macht, was mir wür gfalle.

Ich korrigier de Sattel-Hocker.
Ich fang aa trampe, rund und locker,
und merk, wiene Minute schpööter
de Zeiger vo de Kilometer
en fabelhafte Sprinter-Schnitt
marggiert. Ich schteigere miin Tritt –
und d Zimmerwänd, die tüend sich uuf!
Ich rolle uf de Landschtrass, schnuuf
schön regelmässig und athletisch.
En Blick – en Aatritt – vorne, deet isch
en Prämieschpurt. Ich gsee de Schtrich,
ich bsinne mich uf Taktik-Schlich,
en Druck uf s Übersetzigs-Kabel –
ich bliib am Hinderrad vom Zabel –
jetzt trampe, trampe, faîtes vos jeux:
Ich güne mitme halbe Pneu!

Und wiiter tramped, schtampfed d Bei.
Mir sind am Fuess vom Haueschtei.
Dee näbed mir trinkt us em Bidon.
Es isch de Jalabert. «Hee, Didon»,
rüeft er. Jää macht er öppe Zoff?
Vor mir fluecht de Winokurow.
Da – halt – en Mistschtock, s schtinkt vo Gülle.
Und wer liit drin? Ja klar – de Zülle.

Ich trampe, chüüche, schtööne, schwitze,
bliib trotzdem na im Sattel sitze.
Da packt mich plötzli d Überzüügig
am Ändi vo de dritte Schtiigig:
Die Stars, die Gross-Animatore,
händ sich vereint gäg mich verschwore!
All kämpfed gäge mich de Kampf.
Ich biiss uf d Zää und schtampf und schtampf,
und s tunkt mi, uf em Haueschtei
seig ich sehr einsam, sehr elei...

Hinde de Armstrong – und vo vorne d Bise.
Ich gschpüürs genau: Jetzt chunnd e Krise.
En schtiere Blick, im Mage flau.
Nu – schtatt de Krise chunnd mi Frau
vom Poschte hei. Ich schtiige ab,
bi zämegschtuucht, verschosse, schlapp.
Kei Jubel, Foti, Publikum
am Ziel. Nänei – de Baschtelruum
isch grau und muffig-öd wie suscht.
Und s nassi Liibli uf de Bruscht
nüd farbig, voll vo Firme-Zeiche.
So schtiig ich langsam und mit weiche
Chnüü abe – und tiräkt is Bad.
– So gaats eim, wänns eim nüd so gaat.

Konfirmande-Foti

Ich hett e Frag. Nu zwüschetine.
Es isch e Frag ganz ohni Gwicht.
Was tänked Sie, wie gaats dänn Ihne,
wänn Sie uf eimal ihrem Gsicht

bim Ruume vo Regal-Tablare
uf ere Foti – Bütterand –
wies uusgsee hätt vor guet vierzg Jahre
bim Komfi-Uusflug über Land,

wänn Sie dem eigne Gsicht begägned?
So ime Gruppebild, sehr brav und bider.
Me merkt: A säbem Tag hätts grägnet.
Und jetzt triffsch sone Foti wider...

Me luegt sich aa. Esoo bisch gsii!
Es bitzli bleich, es bitzli chlii.
Verhämmt, verchlämmt und pubertär,
na anderscht, als wie me gern wär.
Me grinsed hilflos und naiv
als Büebli Richtig Objektiv,
im schwarze Gwändli, so adrett,
gnau wies halt d Muetter ebe wett.

Und linggs und rächts und obe, unde,
sind Gsichter, wo so sind wie diis.
Und nach vierzg Jahr chömed die Schtunde
uf eimal obsi – S Paradies,

wos eim so vehemänt erchlärt händ,
und ohni das mer uufbegehrt händ.
Me gseet das Bild. Und fangt aa schmunzle.
Mit dere linggs, dem blonde Fratz,
hätt mer doch bi de Schtrassepfunzle
na gschmuused ghaa als Komfi-Schatz.

Und dem ganz z oberscht uf de Schtäge
im wiisse Hämp und Bürschteschnitt,
häsch deezmal scho chuum chönne säge,
dass nüd nu Proteschtante gitt.

Das Bild, per Zuefall wider gfunde
bim Ruume vomene Tablar,
bringt unverhofft vergilbti Schtunde
vor villne Jahre zrugg is Jahr.

Und wämmer dadebii nüd blind isch,
dänn freut mer sich im Grund gnoo chindisch,
das mer e Schpuur Vergangeheit
trotz allem Fortschritt i sich treit.

Plemplem

Zum Biischpiil z Ostermundige
gitts für es Jahr nu Sunndige.
En Feischterlade z Affeltrange
tanzt Rumba ufre Teppichschtange.
Im Rössli-Saal
z Neuhuuse will
en Sunneschtrahl
go pfuuse, will
er siich nach eme ganz schpontane Iifall
bim Undergang verchelet hätt am Ryfall.

Zum Biischpiil chamer z Brüttiselle
panierti Zähnernote bschtele.
Und z Arbon ime Schrebergarte
gseesch jedes Jahr en Schtreber warte
uf Ananas
mit Pfäffergschmack
und Schteppegras
i Bio-Pack,
dermit er zeige chan, wänn Wuche-Määrt isch,
dass er als Gärtner mee als andri wert isch.

Zum Biischpiil finded z Andermatt
En Fuessballmatch für Bräme schtatt.
Und uf de Insle Ufenau
hätt siich en Pfau mit siinre Frau
vom Zürcher Zoo,
wer wett ems wehre,
Schiiferie gno
zum Slalom lehre.
Und ime Restaurant singt jede Aabig z Chur
en Tintefisch «Le Männerchor de Steffisbourg».

Sie werded säge: Dee isch ja verruckt.
Dee lüügt i dem Gedicht wie truckt.
Das heisst: Wers richtig säge wett,
dee lüügt i dem Gedicht wie ggredt.

S chunnd nüd druf aa. Ich gibe nur ein Tipp:
So Quatsch verzellt und schriibt mer mitre Gripp.
Ja, wämmer Fieber hätt, sött mer im Chüssi lige,
und schwige.

Samschtig Namittag

De Samschtig Namittag – das sind die schönschte Schtunde.
So sött im Grund halt jede Mittag sii.
Die alti Wuche hätt mer glücklich überwunde –
De neui Mäntig isch na wiit ewägg und chlii.

Jetzt chasch de Schriibtisch und de Chef vergässe.
Und s Telifon, wo s Budget reklamiert us Bern.
Häsch nüüt als Ziit für dini eigene Inträsse.
Was tuesch, wännt öppis tuesch, tuesch eifach gern.

Du liisch, wer weiss, villicht de Lengi naa im Chäller
und machsch bi de Konserve äntli Inventar.
Es chan au sii, du hockisch vor em Plattetäller
und fiirsch für dich privat Beethoven-Jahr.

Me isch relaxed. Me gseet das sofort a de Chleidig.
Häsch nu grad sovill aa, dass d Nachbri nüd verschrickt.
Du überlaasch de Frau sogar d Entscheidig,
wänn de Monteur söll cho, wo eus de Chüelschrank flickt.

Schpillsch füffzää Mal Schwarzpeter mit de Chliine.
Holsch Holz fürs Cheminée us em Chäller ue.
Verziesch bim Prügel-Schleike uusnahmswiis kei Miine.
Im Gägeteil, pfiifsch na de «Song of Joy» dezue.

Wänns dämmred, machschs es Pfüüsli uf em Sofa.
Dänn luegsch im Fernseh «Hopp de Bäse» mit em Goof aa.
Und s tunkt di, d Sanduhr tröpfli breit und schwer
E Schtunde-Helfti ohni z zelle vo Sekunde leer.

Das isch natürli nur e schöni Illusion.
E Träumerei, en Witz, en Hohn.
Wer nämli meint, dass übermorn nüd Mäntig wär,
dee tüüscht sich immer. Und zwar schwer.

Scho wider Hochsig

Plötzli wie us heitrem Himmel
bringt de Pöschtler eim en Brief.
D Schrift uf de Adrässe söttisch
käne: so chli eggig, schief.

Ja natürli: S Dorli Meier,
(Jugedfründin vo de Frau)
bitted eus zur «Hochzeitsfeier
Samstag auf Schloss Sommerau».

S Dorli Meier isch e netti,
und en ordligs na derbii.
Aber trotzdem, säg i, wett i
lieber nüd Bruutfüehrer sii.

Ünggle lotse, Tante gschweige,
Gruppefoti arrangiere,
und em Schwager d Chile zeige.
Und dänn, nach de halbe viere,
luege, dass die ganz Verwandtschaft
weiss: Das isch de richtig Bus
für es Fährtli quer dur d Landschaft.
Z hinderscht gitt sich s Paar en Chuss.

D Mane i de schtiiffe Chräge
händ scho roti Chöpf und schwitzed.
Und im Schloss muesch allne säge,
wo und näbed wem sie sitzed.

Hocked jede a siim Tischli,
gitts als Vorschpiis tämpfti Fischli.

Und nach Tournedos und Cassata
söttsch e Produktion parat haa.

Schnitzelbänk mit glatte Sache
über Bruut und Brüütigam.
Aber dänn vergaat dir s Lache.
Will – jetzt lisisch Telegramm:

Vo de Jasskollege z Jona.
Das vom Brüetsch us Arizona.
Vo de ganze Firma Koller.
Vo de Höngger Rock'n Roller.
Und am Schluss – Applaus und Tusch –
na als Witz eis vom George Bush.

Bruut-Tanz – meischtens ischs en Walzer.
D Gotte fraged: «Dorli, gfallts der?»
D Bäsi Gret fragt s Dorli au.
Und de Vetter Franz isch blau.

Früntli schmunzled mer, wänn s Päärli
gäg die zwei seit: «Soo – mir gönd.»
All sind grüert und findeds herrli,
wie die Beide siich verschtönd.

Schtunde schpööter, fascht am Morge,
schpillt s Klavier «Auf Wiederseh'n».
Uf de Heifahrt via Horge
geinet mer: «Es isch doch schön,

wiene Hochsig, wänn si glingt,
d Mänsche nöcher zämebringt.»

Herbscht

Näbel

Plötzli packt er früe am Morge
ganz tyrannisch alles ii,
und bliibt eifach ums Verworge
hocke bis zmittag am drüü.

Näbel i de Zwiig. Und Näbel
vor em Igang vom Konsum.
Näbel übrem Achti-Gräbel
und diheim im Baschtelruum.

Näbel, Näbel ime tote
Winkel und im Basler Zoo.
Näbel sälbverschtäntli z Chlote.
Deete zerscht und sowieso.

Näbel bime Chef, wo flueched.
Uf em Gartezwerg siim Mützli.
Vor zwei Auge, wo dich suechsd,
und säb reut eim dänn es bitzli.

Näbel i de Schrebergärte.
Näbel i Fabrik-Ifahrte.
Näbel, füecht, uf Älplerbärte,
und wo Dampfschiff laat la warte.

Packt er amigs früe am Morge
ganz tyrannisch alles ii,
bliibt er au na ums Verworge
hocke bis zmittag am drüü.

Näbel, Näbel übrem Gräbel
vo de Schtadt, im Dorf am See.
Mängisch hilft er eim, de Näbel,
dass nüd gseesch, was nüd wottsch gsee.

Tombola

Hüt zaabig findt im «Rössli»-Saal
s Chränzli schtatt vom Turnverein.
S ladt au hüür, wie jedes Jahr,
«die Frauen/Männer/Knabenriege höfl. ein.»

Im erschte Teil, da präsentiered
Aktivi ihri Grätsche, Rolle.
Druuf, nach de Pause, applaudiered
vierhundert Gescht die wundervolle
Sprung-Hüpf-Hoch-Zwei-Spreiz-Liege-
Programmpünkt vo de Dameriege.

Dänn fangt de Presidänt en Aaschpraach aa.
Und redt im Schpezielle – vo de Tombola.

Im ganze Dorf, i allne Läde,
händ d Turner sittme halbe Monet
die frisch-fromm-fröhlich-freie Fäde
der Freundschaft zoge. Und us Gwonet

händ d Becke, d Metzger, de Drogischt,
bim Bahnhof zue de Detaillischt,
d Frau Hueber vo de Mercerie
en Priis für s Chränzli gschänkt.
De Wirt vom «Chrüüz» feuf Fläsche Wii,
und – keine hett das tänkt –

me hätt feuf Päärli Wullesöckli,
es gschtreiflets Barchet-Pijama,
e Pfanne und es Kasseblöckli
uf einre Rundi gsammlet ghaa.

Derzue e Berner Zungewuurscht.
Und nach de Wurscht gäge de Turscht,
en Guetschii für en Harass Bier.
Dänn wiiter d Schwiizer Wanderfibel,
Sardine vome Comestibel,
en Schruubezieher, Fingerhüet,
en Kaktus, wone Nacht lang blüet,
es Arrangement mit Hiazynthe,
e Plastic-Wasser-Schpiilzüüg-Flinte,
e CD (Occasion) vom Händel,
vierfarbig Après-Skischue-Bändel,
e Handcrème und en Körperspray,
es Fotibüechli vo Surlej –
das alles liit, wänn s Chränzli isch,
als Träffer uf em Gabetisch.

S isch klar, dass alles Löösli chauft,
dass d Tombola wie göölet lauft.
Und jede Chäufer gseet scho rosig
siich als de Star vo de Verlosig.

Es chunnd dänn so, wies immer chunnd.
De Fritz vom Schuegschäft günnt de bunt
Schuebändel. Nachher de Drogischt
de Körperspray. De Metzgerpuurscht
vom Metzger Kuenz günnt d Zungewuurscht,
de Fotograf de Fotiband,
und, klar, de Gärtner Müller Schang
siis Hiazynthe-Arrangschmang.

Wänn s Jodelchörli inre Wuche
au wider sötti Losgwünn bruuche,
gännd alli Schpänder s gliich wie hütt.
Wills ihri Priis ja heizue träged!
Soo choscht si s Schänke s ganz Jahr nüüt.
Und alli Lüüt im Dörfli säged:

Mir müend zu dem go chaufe gaa.
Dee gitt für jedi Tombola!

Flughafe im Näbel

D Maschine wäred eigentlich parat
zum Richtig Genf, Madrid, Toronto z schtarte.
Bis d Mäldig chunnd, wo dur de Airport gaat,
wäg Näbel mües mer leider mit em Schtarte warte.

Es gäbi further informations at eleven.
So hofft halt halb Europa uf en cleare heaven.
Und alli gschpüüred i dem Gräbel:
S isch jede hässig wäg em Näbel.

Schtatt scho bereits dur d Wulchetecki z schtosse,
bschtellsch a de Bar en Gin. Und zwar en grosse.
En chliine Ticke mitre Diplomate-Mappe
lauft wienen Schtier bim Tax-Free hin und her.
Siis Rendez-vous z Paris törft nüme klappe,
wo gschäftlich doch so wichtig wär.

E langi Blondi mitme Beauty-Case
hätt en Termin am halbi eis.
Nu z Rom im Foti-Atelier
werdeds die Blondi hütt nüd gsee.

Es platzed sibehundert Konferänze.
I jedre Hauptschtadt Audiänze.
Es warted sächzäätuusig Fründ
uf Fründ, wo nanig aachoo sind.

Uf jedem Rollfäld schtönd die Riesevögel.
Hostesse sitzed hilflos umenand
in Mailand, Heathrow, Schwechat oder Tegel.
Und d Flugplän grated komplet durenand.

A some trischte Näbeltag,
wo alli Pischte sich infam verschtecked,
und zwüsched Düsseldorf und Prag
kei Jets bi Schtart und Landig eim verschrecked,

merkt jede, wo im Airport sitzt
und immer mee vor Ärger schwitzt:
De Mänsch hätt nüd à tout prix s Züüg
für Höheflüüg.

Quartierbeiz

A de Tecki hanged Rauch vo füffzää Jahre.
Usem gliiche Buffet-Hahne tropfed immer s gliichi Bier.
D Gretl us em Schwarzwald mit de blonde Haare
ghört derzue. Zum Beizli vom Quartier.

Rächts, am runde Tisch, hocked vier Mane.
Und en Fahne vome Männerchor isch hinder Glas.
Ime Chaschte hanged, schtönd Medaille, Chane.
Im Quartier gäbs doch keis Beizli ohni das.

Vor em Heigaa trinkt mer na en Landwii-Zweier.
Jede jede Aabig uf em gliiche Platz.
Näbem Igang diskutiert de Schnurri-Meier
und behauptet, geschtert heig mer siini Chatz

hinde bi de Garage Hueber eifach überfahre.
Und d Frau Wirtin meint: «Wie truurig für das Tier!»
Wer hätts gmacht? Da isch de Schnurri-Meier nüd im Klare.
So Problem gitts halt im Beizli vom Quartier.

Vornedraa, bim grosse Feischter, flueched eine,
s gäb e Bank, wo da en Neubou mache will.
Dadegäge, seit er, säg im Gmeindrat keine
öppis. Und im Beizli vom Quartier wirds schtill.

Dänn dä Neubou isch genau deethere planed,
wo me siich bis hütt all Aabig troffe hätt.
De Drogischt vo vis-à-vis hätt scho sitt langem gmahned
und verzellt, dass er in Iigab mache wett.

A de Tecki hanged Rauch vo füffzää Jahre.
Us em gliiche Buffet-Hahne tropfed immer s gliichi Bier.
Aber d Ziit wird mit de Ziit d Ziit überfahre.
Und demit au bald emale s Beizli vom Quartier.

Nu öpper findt im ganze Chrüsimüsi guet de Rank.
Und das isch d Bank.

Für de Emil «Stapi» Landolt

Wänn en Zürcher sogar z Basel populär isch,
(und me weiss ja würkli, wie das schwer isch),
mues dee öppis bsunders sii.
Wänn derzue dee ganz beschtimmti Maa
au nach zää Jahr Rueschtand dermit rächne cha,
dass fascht jede seit: «Grüezi, Herr Landolt!»,
wänn er gsund und frisch dur d Zürcher City wandolt –
mues dee öppis bsunders sii.

Und tatsächli isch ers au,
euse «Stapi» Landolt für die Schtadt.
Ja, er ghört zu Züri gnau wie s Frau-
meuschter, d Schipfi, de Verchehrs-Salat.

Wie de Lindehof mit siine Linde,
wie de See und Örlike, d'Fallätsche.
Und wie s Chnabeschüsse, wo scho Chinde
(ämel fascht!) chönd uf e Schiibe tätsche.

Er hätt eusi Schtadt nüd souverän regiert.
Er hätt Herz i d Politik vo Züri integriert.
Und drum – logisch – öppedie dernäbed ghaue.
Schliessli hätt er ja Profil gha.
Und en kultivierte Sinn für Fraue
zwüsched Züriberg und Ussersihl gha.

Ihm isch schpeziell am Herze gläge,
nüd nu eifach flüchtig z säge,
dass e Schtadt nur würkli läbti,
wänns au villicht anders gäbti
als nu trochni Paragraphe.
Er hätt de Kontakt entdeckt
zwüsched Bürger, wo wännd schlafe,
und Beamte, wo me weckt.

Er hätt au gseit gha: Mänge Grabe
wo Mänsche trännt – dee tecki zue.
Drum: Nämed mer de Waldmann abe –
und tüend uf s Ross – de Landolt ue!

Euse Hauptbahnhof – 1960

E graui Halle voll vo Krach und Lärme.
Es pfiift und zischt und glöggled pauselos.
Wänns rägnet, schtaat mer undere, an Schärme.
Wänns schneit, so nimmsch de Schportzug uf Davos.

Gseesch tuusig Lüüt, wo warted oder ränned.
E keine luegt dr ander nöcher aa.
Zwei Auge, wo di suechsch und nüd känned,
sind scho verbii, chuum bliibsch es bitzli schtaa.

En Zug fahrt ii. Vo Mailand oder Calais.
(Villicht au bloss vo Rümlang oder Brugg.)
En Slogan lüüchted: «Buvez Vin du Valais!»
Es Paar chunnd us de Flitterwuche zrugg.

Es Puurli chauft am Buechkiosk en Schtumpe.
De «Dolder-Portier» luegt, öb öpper chäm.
En Maa mues uf de letschti Wage gumpe.
Am Schtee-Buffet trinkt eine Kafi crème.

Feuf Marokkaner vor em Billet-Schalter
verrüered d Händ und rüefed durenand.
E Mame schimpft mit ihrem Bueb: «Äch Walter,
was machsch au wider mit diim neue Gwand.»

Wänn s Wörtli «Haupt»-Bahnhof au fasch en Witz isch –
(er hätt bloss Schtumpegleis und isch vill z chlii) –
so ghörsch da doch, wänn d Ohre echli schpitzisch,
wie gross und wiit und farbig d Wält mues sii.

Metzgete

Jetzt gseet me wider jede Friitig
so Inserat i jedre Ziitig,
wo me fettdruckt läse chan:
«Heute Metzgete im Wilden Mann.
Es empfiehlt sich höfl. s Wirtepaar
für musikal. Genüsse s Duo Sunny Star.»

Wänns friedlich zume Weekend nachted,
tampfts i de Chuchi vo de Beiz.
Me hätt e herzigs Säuli gschlachted.
Und zaabig, ab de achte, treits

d Roswitha, blond und ime Super-Mini,
i Form vo Bluet- und Läberwürscht
an Tisch. Mer schnuuft de Gschmack vo Rosmarin ii
und fangt aa schpachtle wienen Fürscht.

Me sitzt nüd uf de Schtüel. Me hocked.
Und gitt siich richtig populär.
Und wänn als zweits dänn d Gottlet locked,
so zümpftig tick und zümpftig schwer,
dänn träufled s Fett uf d Serviette,
und mängisch au uf d Hämperbruscht.
Me mampft zum Kalorie bette,
als Kompänsierig vom Auguscht,

wo me siich gseit hätt: Nu Diät isch
na s Mittel, dass es nicht zu schpät isch,
demit de Buuch, wie alli finded,
zum rächte Ziitpunkt na verschwinded.

D Kapälle schpillt en glatte Schottisch.
Und wämmer au vom Fleisch halb tot isch,
wott sich kein Gascht vernünftig schone,
und schöpft zwei wiitri Portione.

Bim Aablick vo dem frische, feine Schwiinig,
tänkt niemert a die üsseri Erschiinig.
Me frisst sich quer dur s ganzi Menü,
und lockered sis ängi Tenü.

Me zieht euphorisch d Tschööpe n ab,
und macht uf kein Fall uf em Täller
in Sache schnabuliere schlapp.
Und au de Landwii us em Chäller
treit mit siim Bouquet zimli glii
zur Jubel-Trubel-Schtimmig bii.

E Frag: Händ Sie für zaabig scho es Programm gmacht?
Sie händ? Ja guet – dänn bi de Metzgete hüt z nacht!

Adie Herbscht!

Geschtert zaabig isch de Herbscht
mit mir zäme bime Suuser gsässe.
Goldig-hellblau hätt er zfride gschtraaled
und vergnüegt die milde Tämprature gmässe.

Und ich han en grüemt: «Herr Herbscht,
das Jahr sind Sie scho en bsunders schöne!
Sie händ alli andre Mönet ggretted.
Und kein Mänsch mee trout sich, wäg em Summer z chlöne.»

Und de Herbscht hätt gseit: «Als Herbscht
macht eim sones Komplimänt scho glückli,
will mich ja susch halt villi Lüüt nüd möged.
Chömedsi, mir nämed doch na gschwind es Schlückli!»

Us dem Schlückli mit em Herbscht
sind dänn Schlücker worde. Vier, feuf, sibe.
Bald druuf hämmer welle Duzis mache.
Und mir sind na bis zur Polizeischtund plibe.

Hütt namittag han ich em Herbscht
namal welle gschnäll telifoniere.
Aber s isch es Tonband cho: «Uf dere Nummre
chönndsi mit em Winter rede. Ab de Viere.»

D Tonband-Schtimm hätt gseit, de Herbscht
heigeds leider müese usegheie.
Er heig d Wohnig für es Schturmtüüf müese ruume,
und das lös scho übermoorn la schneie.

Ich han uufghänkt. Adie Herbscht.
Übrigens: Sin Vorname isch Guschti.
Wer hett geschtert zaabig tänkt, me gsäch sich nüme,
will es Schturmtüüf eus scho hütt de Tag verpfuschti.

Nu so dänn, wie gseit: Tschau Herbscht!
Aber über allem Abschieds-Chummer
freuts eus, wänn Du s nächscht Jahr wider daa bisch,
schtellverträttend für en bschissne Summer.

Winter

Diskussion im Winter

De Winter hätt zum Jänner gseit:
«Mir chunnd e Glanzidee.
Was meinsch, du würdisch inegleit,
und s gäbt emale wiit und breit
für diich käs Flöckli Schnee?

Ich laane zwar feuf Wulche choo
und mängisch echli winde.
De Sune würdi d Uussicht gno
und d Metrologe tänktid scho
Symptom für Schneefall z finde.»

De Jänner schtutzt, isch durenand
und meint: «Wienich das gsee,
verlüür ich so im ganze Land
– das liit ja schliessli uf de Hand –
miis Monets-Renommé.
Vo mir erwarted alli Lüüt,
ich sötti froschtig sii.
Wänn ich jetzt chumm: Mit Schnee isch nüüt,
nu knapp es bitzli Riiffe büüt –
was seit da d Fremde-Induschtrie?

Was seit me z St. Moritz und z Grind-
elwald zu grüene Matte ?
Im Gschtaad, wo luuter Filmstars sind?
Wer bout en Schneemaa mit de Chind?
Und die, wo mit de gwachste Latte

am Sunndig flumserbergwärts gönd,
an Gurte, an Atzmänig,
und schtundelang am Bähnli schtönd,
dermits ei Abfahrt mache chönd?
Was glaubsch, was säged senig?»

De Winter seit gedankeschwer:
«Ja aber – i de Schtadt,
was meinsch, wie alls begeischtred wär,
kän Zug fier hindrem Fahrplan her,
käs Trottoir bliibti iisig-glatt.»

De Jänner meint: «Keis Argumänt!
Nänei, dee Trick isch fuul.
Wer miich als Monet schetzt und kännt,
dee freut siich uf Marroni-Schtänd
und uf de Schnuuf-Huuch vor em Muul.»

So isch das ggange, hin und her.
Zum Schluss gitts doch en Kompromiss:
Hüür bliibt de Jänner flockeleer.
Defür wird halt de Maie wiiss.

Wienachtsmäärli

Vorhang uuf für s Wienachtsmäärli
heissts jetzt überall im Land.
Im Parggett en uufgreggts Gschäärli
mit em Mami a de Hand.

S Rumpelstilzli gumped wider.
Und d Frau Holle schüttled Chüssi.
Sibe Raabe pluschtred s Gfider.
D Königin fragt, öb mer wüssi,

was ächt de Herr König machi.
D Goofe gännd sich all en Schupf,
gigeled, vertrucked d Lachi,
wills doch gsee händ,
de Herr König
isst im Thronsaal Gugelhupf.

Em Pinocchio wachst si Nase,
will er ja nüd d Wahret gseit hätt.
Und de Wolf freut sich am Chörbli,
wo s Rotchäppli anetreit hätt.

Gueti liided wäg de Böse.
Und s Schneewittli warted brav,
bis de Prinz chunnd go erlöse
us em Uschteröpfel-Schlaf.

Hofmarschäll, wo nüüt als tumm sind,
Hutzelzwerg, wo alt und chrumm sind,
Häxe, wo nu na ein Zaa händ,
Chöch, wo Salz schtatt Zucker gnaa händ
zum e Hochsigturte bache –
Schtuune, Göisse, Frage, Lache
nimmt die Chinde schuurig her –
wie wänns gar käs Määrli wär.

Mänge seit zwar, uf die Gschichte
so mit Wunder und Prinzässli
sött mer langsam doch verzichte.
Das seig alles zimli grässli.

Villicht gseend die das scho richtig.
Nu – mich tunkt zeerscht anders wichtig:
Gschiider *eimal* Määrli schänke,
als de Chind diheim s ganz Jahr
d Illusion vor s Tänke hänke,
Määrli gäbs und seiged wahr.

Cheminée-Party

Oh ja – so chömed doch, seit mer zu Fründe,
zum Znacht zu eus. Nüd fein. Nüd tüür.
Mir würded, hämmer tänkt, s Cheminée aazünde
und öppis bröötle uf em Füür.

So quasi in Pantoffle, ungschpannt, nett.
Das wärs, was eusreins bruucht und wett.

Am halbi vieri scho fangt dänn die harti
Vor-Arbet aa für die relaxti Party.
Me schleikt vom Chäller, nüd ganz ohni Flueche,
en Arm voll Schiiter, Birke, gmischt mit Bueche.
Me bout e Hölzer-Pyramide
im Egge uuf mit viller Müe.
Bim Pucke fangsch aa ernschthaft liide
und hoffisch, s Chämi werdi zieh.

Die nächschte Schtund wirsch mehrfach quält,
wills offebar a Suurschtoff fehlt.
Es wott und wott und wott nüd bräne.
Trotz Blasbalg blase, umeräne
und Ziitige i d Gluese schtopfe
tunkts dich, da seigi würkli Hopfe
und Malz in Sache Füür verlore.
Derbii sött s Filet lengschtens schmore!

Dänn plötzli klappets. S isch es Wunder.
Im Cheminée brännt das Holz wie Zunder.
So schön, dass mer ganz us de Bahn wär,
wämmer us Überzügig Pyroman wär.

Jetzt chömed d Gescht! Und jubled: «Aaah,
wie gmüetli ischs es Cheminée z haa!»
Chuum aber, dass e halb Schtund sitzed,
händ alli uf de Schtirne Tröpfli.
Au ehner chüeli Type schwitzed.
Und Make-up schmilzt uf Damechöpfli.

S wird süttig heiss. Wie i de Trope.
De Guido isch tomaterot
und seit: «Ich schmore i miim Tschoope.»
Was nanig schmort, isch s Entrecôte.

De Zeiger zeiged zwänzg ab achti.
D Salzmandle-Schale sind scho leer.
Und dänn rüeft d Frau: «So Schätzli, mach di
parat, will d Gluet jetzt richtig wär.»

Ich legg de gwürzti Mocke Rind
ufs Isegschtell, so guet dass gaat.
Hock vor de Gluet, verbränn de Grind.
Die andre ässed de Salat.

Wänn ich probier, de Mocke z packe
und z trüle zume Chruschte z gsee,
ghör ich vom Tisch her fröhlichs Knacke
vo Gurke und vo Chicorée.

I mir glüend scho die meischte Chnoche.
Ich bi bachnass. Und s Filet troche.
Wänn s Fleisch dänn uf de Täller liit,
händ all – nu ich nüd – Appetit.

S rüehmt alls, wies – hmmmm – sänsationell seig,
und – hmmmm – de Gschmack ganz schpeziell seig.
Me merki scho: Uf offner Gluet
werd s Fleisch halt eifach toppled guet.

Oh ja, so chömed doch, seit mer zu Fründe,
zum Znacht zu eus. Nüd fein, nüd tüür.
Mir würdid, hämmer tänkt, s Cheminée aazünde
und öppis bröötle uf em Füür.

So quasi in Pantoffle, ungschpannt, nett.
Das wärs, was eusreins bruucht und wett.

Dä Vers hätt sälbverschtäntli e Moral.
Ja, welli ächt? Händ Sie scho gröötled?
E Cheminée-Party isch und bliibt e Qual –
für dä, wo s Fleisch – und au siich sälber – bröötled.

Wienachtsziit

Me schlipft, wills Iis hätt, uf de Schtrasse.
Me früürt sich d Finger dunkelblau.
Me fangt aa, Lüüchtgirlande hasse
und wett all Gschänk i d Limmet schasse.
(Mit Uusnahm dem villicht für d Frau.)

S Chrischtchindli füüred fliissig Schiiter
im Cheminée vom Waldhüttli aa.
De Schnee isch grau. Und wänn scho, liit er
trotz Schuufle vor de Huustüür wiiter
und wird eim leschtig nadisnaa.

Im dritte Schtock vom Schpiilzüüglade
sind d Bäbi wägem Rummel muff.
Für s Göttichind chaufsch d Hitparade,
de Tante Ruth en Biberflade
mit eme Zuckerversli druff.

De Chrischtbaum schtaat scho hindrem Schöpfli,
und er früürt jedi Nacht an Schtamm.
Mi Tochter maled Email-Töpfli.
Und a mim Schnauz hätts Schnudertröpfli,
wänn ich am Bellevue wart uf s Tram.

De Nachber preludiert sitt Tage
de «Ros' entsprungen», schtundelang.
Siin jüngschte Bueb mues d Giige sage,
und s Meitli Tön dur d Flöte jage.
Und d Frau veredled alls mit Gsang.

«Na zäämal schlafe», zelled d Chinde.
Bim Baschtle gitts en letschte Schtriit.
S Mami holt Baumschmuck vo de Winde.
Und ich probier de Fride z finde.
Dänn schliessli ischs ja Wienachtsziit.

Chliine Rückblick vome Chliine

Ja also: Ich bin eine wie halt irgend eine.
A mir isch eigentli nüüt Schpeziells.
En Maass-Aazug hätts i mim Schrank e keine.
Im Chäller unde fehlt bi mir en feine
Franzos. Ich ha vill lieber hie und da es Hells.

So eim wie mir cha, das sött klar sii, nüüt passiere,
wo d Wält veränderd, us de Angle lupft.
Mir müend nüd ganzi Völkerschtämm pariere.
Ich cha kä Konferänze torpediere.
Ich schupfe nie. Ich wirde ehner umegschupft.

Zum Biischpiil wien im Jänner, wo de Hueber Walti
mich dräckig usetruckt hätt als Quästor.
Das heisst: Halt, nüd de Walti – nei, si Alti,
will, wänn die s Muul uuftuet ischs wiene chalti
Tuschi. Da chunnsch dr wienen Löli vor.

Natürli hätts au schöns ggää. Grad bi mir im Garte.
Zum erschte Mal sind d Zinnie richtig choo.
Und uf de Schnittlauch han i au nüd müese warte.
Dänn: Mit em Autocar zwei Dreipäss-Fahrte,
mit Foti-Halt bi Pian San Giacomo.

Mis Hobby isch min Wällesittich, wo prämiert isch
als bsunders sältes Sittich-Exemplar.
Ich ha mit ihm, will er so guet trainiert isch
und mit siim Sittich-Schtammbaum regischtriert isch,
die elfti Goldmedaille ggune i dem Jahr.

Dänn hätt de Nachber gfraged, öb ich Götti sii wett
vo siinre Tochter. Ich ha gern gseit: Ja.
Ich bi nüd eine, wo vo allne Sympathie wett.
Nu – wämmer mich als Fründ nüd bloss zum Schii wett,
so chrüüzlich senigs im Kaländer farbig aa.

Es bitzli eige ischs mer gsii a säbem Morge,
won ich ha müese abgäh. Als Soldat.
Zwar hammer vorgnoo: Machsch dänn ums Verworge
dir wäg dem Abschied i dem Singsaal ja kä Sorge.
(Nu gaats nüd immer, wie mer wott, dass gaat...)

Und susch? Was susch? Ich bi mit dem Jahr zfride.
Ich ha, ganz ehrlich gseit, en suubre Tisch.
Glück gäge Päch – dee Kampf isch unentschide.
Ich schtaa bim Schicksal absolut nüd i de Chride.
Und hoff, dass s nächscht Jahr gnau so früntli isch.

Neujahrsmorge

S Bellevue und de Millionehügel
lueged chuum zun Auge-n-uus.
Und au s Vieri-Tram hätt i de Bügel
na kei Pfuus vor luuter Pfuus.

A de Stopschtrass z Affeltrange
hätt bis jetzt na keine ghalted.
Z Biel vermisst mer Autoschlange.
D Liechter sind uf Blinke gschalted.

Z Bern macht sich de Morgelärme
draa, fascht fäschtlich liislig z sii.
D Sunne fangt aa, Basel z wärme
und weckt Möve uf em Ry.

D Prässluftbohrer vor St. Galle
dösed schtill am Schtrasserand.
I de Genfer Bahnhofshalle
geined e Reklamewand.

Wohlig dreht sich z Olte d Aare
uf de Buuch i ihrem Bett.
D Jungfraubahn törf nanig fahre,
will de Mönch na bätte wett.

Und i hunderttuusig Chüssi
träumts i hunderttuusig Chöpf:
S isch Neujahr hütt! Und drum gnüss i
d Rue nach all dem Füürwerch-Klöpf.

Aber d Chileglogge chrampfed
ame Neujahrsmorge mee.
Ihri Schwängel, bimmled, gampfed
gottesfürchtig s mittler D.

Schliessli: Frischi Luft is Zimmer!
Under d Tuschi! (Das isch hert...)
Nu: Am elfi, so wie immer,
chunnd us Wien s Neujahrskonzert.

Lieder und Chansons

S'Ankebälleli

Vers 1
Im erschte Bank, ganz z vorderscht isch si gsässe.
Mit lange Zöpf und hätt fascht gar nüüt gseit.
Zum Znüüni hätt si Ankewegge ggässe,
und immer Schöss mit Tierli-Muschter treit.
Bim Päärlifangis, amigs i de Pause,
da han i gschpienzled, dass sie mit mir ännt.
Sie tänked jetzt: Ja, typisch Goofe-Flause!
Händ Sie en Ahnig! I mir drin
– das chunnd mir immer na in Sinn –
hätts mee als s Füür in Holland prännt.

Refrain:
Ich bi so richtig durenand gsii
und wär absolut im Schtand gsii,
z säge: «Ankebälleli, du bisch en Schatz!»
Aber deezmal, sälbverschtäntli,
han i nüüt gseit und schlussäntli
heimlich träumt: «Du Ankebälleli – miin Schatz!»
Bis dänn s Ankebälleli vo sälber choo isch
und mir sälber gseit hätt, dass es froh isch,
wienich lieb zu ihre seig, wie keine mee...
Und dänn natürli ischs um miich
und s Ankebälleli grad gliich
so richtig zümpftig uf de Schuelreis gschee.

Vers 2
Vor churzem bin ich zmittag vor de viere
go laufe mit de Frau und mit em Hund.
Da gsehn i, dass mir öpper bim Schpaziere
won iich doch käne müesst, entgäge chunnd.
Mir lueged eus i d Auge uf zää Meter,
und schlucked uf Kommando drüümal leer.
Jä – isch si das – und isch das ächt de Peter...
Dee säbmal deet vom Schuelhuusplatz
Und sie – de Päärlifangis-Schatz –
jä nei, wie lang isch das scho her.

Refrain:
Ich bi so richtig durenand gsii
und wär absolut im Schtand gsii
z säge: Ankebälleli – jä gitts dich na?
Aber dasmal, sälbverschtäntli
han ichs schliessli und schlussäntli
bime «Grüezi» und «Nei, säg wie gaats dr?» glaa.
Bis dänn s Ankebälleli vo sälber choo isch
und vo siich us gseit hätt, dass es froh isch,
miich so eifach ganz per Zuefall wider z gsee...
Und dänn ischs ein Momänt um miich
und s Ankebälleli grad gliich
so fascht wie säbmal uf de Schuelreis gschee.

(Trio Eugster, 1978)

S'Poly-Bähnli-Lied

Das Bähnli ghört zu Züri
wie s Grossmeuschter und de See.
Wie d Möve uf em Ganymed,
wie d Langschtrass, s Utoquai.
Das Bähnli ghört zu Züri
wie de Fade zu de Naht.
Wills, wie so mängs na, z Züri
immer
absi
obsi
absi
obsi
absi obsi gaat.

Das Bähnli ghört zu Züri
wienen Schtadtrat, wo gern redt.
Und wie im Zoo s Kamel,
wo nüd as Sächsilüüte wett.
Das Bähnli ghört zu Züri
wiene Bratwurscht uf em Grill,
wills, wie so mängs na z Züri,
immer
obsi
absi
obsi
absi
obsi fahre will.

Das Bähnli ghört zu Züri
wie d Riviera, s Schauschpielhuus,
de Flohmäärt uf em Bürkli und
wie s Truck im Autobus.
Das Bähnli ghört zu Züri
wie zum Schtandesamt es Ja –
wills, wie so mängs na z Züri
immer
absi
obsi
absi
obsi
absi möchti gaa.

Das Bähnli ghört zu Züri
wienen Schlüssel ines Schloss.
De Auto-Schtau am Pfaue, und
de Waldmann uf siim Ross.
Das Bähnli ghört zu Züri
wiene Bank, wo Beizli chauft,
wills, wie so mängs na z Züri
immer
obsi
absi
obsi
absi
obsi absi lauft.

Das Bähnli ghört zu Züri
wien is Dörfli d Heilsarmee,
de Rännwäg, wo zur Wienachtsziit
chasch Lüüchtgirlande gsee.
Das Bähnli ghört zu Züri
wie de Fade zu de Naht –
und Züri freut siich, dass es
wiiter
absi
obsi
absi
obsi
absi obsi gaht.

(Trio Eugster, 1981)

Wänn de Böögg verbrännt

Vers 1
Es isch ohni Zwiifel klar:
S gitt ein Tag im Zürcher Jahr,
da findet d Zürcher Züri sogar glatt.
De St. Peter leit siich daa
siini schönschte Fähne aa
und de Üetliberg hätt Freud a siinre Schtadt.
Me chan am Limmetquai
vergnüegti Mänsche gsee,
wänn de Zöifter zu de Marschmusig marschiert.
D Chind gseend d Vätter paradiere,
s Mami Schlüsselblüemli rüere –
und am Bellevue wird de Holzschtoss präpariert...

Refrain:
Wänn de Böögg verbrännt,
wirds Früelig!
Dänn vertwached Züri us em Winterpfuus.
Wänn de Böögg verbrännt,
wirds Früelig!
Und am Züriberg schlönd d Schlüsselblüemli uus.
Wänn am Sächsilüüte d Glogge sächsi lüüted,
weiss en jede Zürcher gnau, was das bedüütet:
Wänn de Böögg verbrännt
wirds Früelig –
z Tüüfebrunne, z Wollishofe, i de Klus.

Vers 2
S griift eim jedesmal a d Seel,
tramped s Kämbel-Zouft-Kamel
dur d Bahnhofschtrass uuf wie diheim im Zoo.
Und wänn Wiedike und Hard
mit de Wäge durefahrt,
isch scho mängem ganz verschteckt es Tränli cho.
De Wegge hoch zu Ross
und d Metzger mit de Schooss
plus au d Schniider, Hottige, etcetera –
schtaut sich dänn am sächsi d Mängi
über d Quaibrugg bis i d Ängi –
fangt de Umritt vo de Riitergruppe-n-aa.

Refrain:
Wänn de Böögg verbrännt,
wirds Früelig!
Dänn vertwached Züri us em Winterpfuus.
Wänn de Böögg verbrännt,
wirds Früelig!
Und am Züriberg schlönd d Schlüsselblüemli uus.
Wänn am Sächsilüüte d Glogge Sächsi lüüted,
weiss en jede Zürcher gnau, was das bedüütet:
Wänn de Böögg verbrännt
wirds Früelig –
z Tüüfebrunne, z Wollishofe, i de Klus.

(Trio Eugster, 1975)

Hebed mer Sorg zu Züri!

Refrain
Hebed mer Sorg zu Züri!
Wänns au nüd isch, wies chönnt sii.
Hebed mer Sorg zu Züri,
Züri isch gfreut und na lang nüd verbii.
Hebed mer Sorg zu Züri,
zum Meuschter, zur Limmet, zum See,
zum Üetli, zum Stapi,
wo wett, dass alls klappi,
zum Böögg us künschtlichem Schnee –
Ja, wämmers erläbti,
dass Züri nümm gäbti,
täts mängem es bitzeli wee.

Vers 1
Natürli, me fraged,
natürli, me chlaged:
Passiert nüüt gäg Abgas und Schtau?
Nu Hotel mit Priise
zum Ferie vermiise?
Natürli, das fragt mer sich au.
Und Schwarzgälder wäsche
i ganz gheimi Täsche
vo Banke – au das macht eim muff.
Und Beizli i Gasse
zum Schwätze und Jasse
sind plötzli schtatt Beizli es Puff.
Natürli, das hätts und wird sii und das gitts.
Und trotz allem Schabernack isch es kein Witz:

Refrain
Hebed mer Sorg zu Züri!
Wänns au nüd isch, wies chönnt sii.
Hebed mer Sorg zu Züri!
Züri isch gfreut und na lang nüd verbii.
Hebed mer Sorg zu Züri,
zum Meuschter, zur Limmet, zum See,
zum Üetli, zum Stapi,
wo wett, dass alls klappi,
zum Böögg us künschtlichem Schnee.
Ja, wämmers erläbti,
dass Züri nüd gäbti,
täts mängem es bitzeli wee.

Vers 2
Natürli, me fraged,
natürli, me chlaged:
Gitts eigentli i dere Schtadt
na Lüüt, wo nüd schtuur sind,
und schtatt dass si suur sind,
au säged: Bi eus hämmers glatt!
Natürli gitts mänge,
dee ghört mer halt zwängle:
S gitt Züri kei Bäum mee für Hünd.
Im Herbscht seig nu Näbel,
am Bellevue nu Gräbel
au suscht gäbs zum Hässig sii Gründ.
Das mag villicht sii und gilt scho für e paar.
De meischte isch aber uf jede Fall klar:

Refrain
Hebed mer Sorg zu Züri!
Tänked doch draa, was da gitt.
Hebed mer Sorg zu Züri!
Züri isch au trotz de Zürcher en Hit!
Hebed mer Sorg zu Züri,
zum Meuschter, zur Limmet, zum See –
für mängs und fascht jedes
per Tram und per pedes
gitts Highlife und Alltäglichs z gsee.
Ja, wämmers erläbti,
dass Züri nümm gäbti,
täts mängem es bitzeli wee.

(Trio Eugster, 1988)

S'isch nüme wie früener im Militär!

Hei namal isch das es Gfühl gsii na vor Jahre!
Z ängi Tschööpe, z wiiti Hose, Aff mit Haare!
Und de Schtoff, wo rassig gripsched hätt am Bei!
Formalin an Füess wäg Schue, so hert wie Schtei!
Zmorge, Zmittag hätts nu schtramme Panzerchäs ggää,
und vom Schtroo im Schuelhuus Lüüs am Chopf und Gsäss ggää.
Und en Helm, so schmuck, wie wänns en Nachttopf wär –
S isch nüme wie früener
S isch nüme wie früener
S isch nüme wie früener – im Militär.

Ja und gälledsi, am Aabig nach de Viere,
uf em Dorfplatz seckle, Gwehrgriff, exerziere!
Und das schöni Gfühl am Morge nachme Fäscht,
wänn de Korpis brüeled: «Tagwach – uuf, vor s Näscht!»
Oder Inschpäktion mit nachher drüü Täg Chischte,
will vergässe häsch, d Patronetäsche z mischte!
Und Patrouille-Läuf im Liecht vom Grosse Bär –
S isch nüme wie früener
S isch nüme wie früener
S isch nüme wie früener – im Militär.

Gopferteckel und als Lüütnant, so als junge,
häsch doch amigs Läbe i die Bude prunge!
Da bisch schlank und schön – de Meitlischwarm bisch gsii,
quasi s Uushänkschildli vo de Kompagnie!
Aber hüttzags flööted keini zume Lüffzger:
«Du mis Goldschtuck!» Höchschtens: «Bisch en falsche Füfzger!»
D Uniform gitt halt erotisch nüüt mee her...

S isch nüme wie früener
S isch nüme wie früener
S isch nüme wie früener – im Militär.

Ja, ihr Liebe, me chas trähen uf all Arte:
Hütt isch s Militär scho fascht en Chindergarte!
Chuum mee d Helfti wird eim na an Ranze ghänkt,
und vom letschte Dätel will mer, dass er tänkt!
Im Manöver gitts kei Frääss, wo supponiert sind,
und die Weichling händ ja Zält, wo imprägniert sind!
Eis isch sicher: Wänn ich namal jünger wär,
würds wider wie früener
würds wider wie früener
würds wider wie früener – im Militär.

(«Wachtmeister Rösli», 1980)

S Lied vo de Rosehof-Wirtin

Es isch Friitig znacht, und es isch halbi eis.
Ich wott jetzt äntli mi Rue.
Sitt zmittag am drüü isch Betrieb und isch Mais.
Ich bschlüsse miis Wirtschäftli zue.
D Serviertochter nimmt vor de zwölfe s letscht Tram.
Sie wohnt ime Ussequartier.
A dr Ändschtation wartet de Brüütigam,
dä isch sicher au hüt wider schtier.
Bis amigs die Letschte zum Tämpel uus häsch,
muesch mängisch wie halbverruckt tue.
Es isch Friitig znacht, und es isch halbi eis.
Ich mach de Rosehof zue.
Ich mach de Rosehof zue.

Am Namittag hockeds vom Sängerbund
am Feischter und chlopfed en Jass.
Bim Ruthli, wo grad us de Zimmerschtund chunnt,
bschtellt jede es Grosses vom Fass.
So churz nach de viere ruckt d Hueberi aa,
– die butzt vis-a-vis i de Bank –,
suecht hässig wie immer de Fritz, ihre Maa.
Nu isch dä scho hei. Gottseidank.
Er chunnd dänn zwar wider, für x Kafi Träsch
und schtaat bald ganz schön näb de Schue.
Es isch Friitig znacht. Und es isch halbi eis.
Ich mach de Rosehof zue.
Ich mach de Rosehof zue.

Am sibni findsch nienet mee Platz a de Tisch.
Vor allem am Schtamm gitts es Truck.
Me weiss halt, bi mir hätts am Friitig ganz frisch
e Fleischbrüe und Gsottes am Schtuck.
De Coiffeur rüeft uus wäg de Trinkgälder-Frag,
und wird vo siim Dôle langsam blau.
En Gwerbschüeler wetti mit mir uf siin Schlag.
Ja – und mit em Ruthli grad au!
De Schtumperauch hanged wie Näbel um d Chöpf
bis hindre zum Gleserschrank ue.
Es isch Friitig znacht. Und es isch halbi eis.
Ich mach de Rosehof zue.
Ich mach de Rosehof zue.

De Poschthalter telifoniert mit de Bruut
zum sächste Mal, er chäm grad hei.
De Metzger singt falsch und de Schriiner singt luut,
und kein' schtaat mee grad uf de Bei.
Zwei Fremdi verpassed de Nachtzug uf Genf.
Und s Ruthli tippt s letschmal en Wii.
De Franz wott, ich känn das, na Schüblig mit Sämf,
und schlaft nach em dritte Biss ii.
Dänn sind alli dusse. Ich ruume gschnäll uuf,
und schtuele im Duurzug na ue.
Es isch Friitig znacht. Und es isch halbi eis.
Ich mach de Rosehof zue.
Ich mach de Rosehof zue.

(Samschtig-Lied Radio DRS 1, 1977)

Jetzt bröötled überall Marroni...

Jetzt bröötled überall Marroni!
Und i de Schtadt schmöcksch irgendwie de erschti Schnee.
Jetzt bröötled überall Marroni!
Am Bellevue ghört me Lieder vo de Heilsarmee.

Diheime baschtled tuusig Chinde tuusig Sache.
Und moorn isch Räbeliechtli-Umzug im Quartier.
Me fangt aa, Wienachtsguetzli bache.
Es isch Advänt. Im Seefäld, im Chreis vier.

Me hätt scho jetzt fascht jedi Nacht en böse Traum:
Was legg ich allne mine Liebe under de Baum?
Schaufeischter-Grafiker drapiered wie all Jahr
um Chüelschränk ume wiisses Ängelshaar.
Am Limmetquai schtönd Wienachtsbäum soldateschtramm,
und dur de Aabigrummel rumpled s Määrlitram.
De Näbel chunnd zu eus uf Psuech
und leit um d Meuschter-Türm für d Nacht e wulligs Tuech.

Jetzt bröötled überall Marroni!
Und i de Schtadt schmöcksch irgendwie de erschti Schnee.
Jetzt bröötled überall Marroni!
Am Bellevue ghört me Lieder vo de Heilsarmee.

Diheime baschtled tuusig Chinde tuusig Sache.
Und moorn isch Räbeliechtli-Umzug im Quartier.
Me fangt aa, Wienachtsguetzli bache.
Es isch Advänt. Im Seefäld, im Chreis vier.

(Samschtig-Lied Radio DRS 1, 1977)

Bruucht mer en Schtärn?

1.
Bruucht mer en Schtärn
höch obe am Zält?
Bruucht mer en Schtärn
wiit wegg vo de Wält?
Bruucht mer en Schtärn
mitme heilige Paar?
Mues mer draa glaube,
die Gschicht seigi wahr?
Bruuched mer Ängel
zum Lobe des Herrn?
Bruucht mer drei König?
Bruucht mer en Schtärn?
Nei, suech nüd obe
en Schtern höch am Zält.
Bis *du* en Schtärn
da zmitzt i de Wält.
Bis *du* en Schtärn
da zmitzt i de Wält.

2.
Bis *du* en Schtärn
da zmitzt i de Wält.
Bis *du* es Liecht,
wo eus allne fehlt.
S bruucht sonen Schtärn
im Tunkle vo'r Nacht.
S bruucht sonen Schtärn,
wo Liecht für eus macht.
Tänk jedi Schtund
da zmitzt i de Wält.
Tänk a das Hell sii
wiit obe am Zält.
Suech *du* nüd obe.
Bis Schtärn uf de Wält.
Bis *du* es Liecht,
wo villne so fehlt.
Bis *du* en Schtärn
da zmitzt i de Wält.

(Neue Weihnachtslieder, 2000)

De Baum uf em Balkon

1.

De Baum uf em Balkon.
Si händ en scho praacht.
Es gaht na vier Täg
bis zur Heilige Nacht.

De Baum gseet uf Hüüser,
wo höch sind und grau.
Deet schtönd uf de Balkön
so Bäum wiener au.

Es näbled. Und d Schtrasse
sind gschlifrig vom Iis.
Me gschpüürt: Nei, die Wienacht
wird sicher nüd wiiss.

De Baum uf em Balkon
schtreckt Nadle und Äscht.
Er warted uf Lieder
und Chinde am Fäscht.

2.

De Baum i de Schtube
treit Chugle und Cherzli,
und Silbergirlande
und Quitte-Schlee-Herzli.

De Baum hätt im Egge
bim Buffet siin Platz.
Er isch a de Wiehnacht
für s Fernseh Ersatz.

De Baum losed Lieder,
wos jedes Jahr gitt.
Me hätts ufre CD.
Nu d Muetter singt mit.

De Baum i de Schtube
isch Fride und Rue.
Es ghört au im Chrippli
de Jesus dezue.

3.
De Baum vor de Türe.
Dreikönig. Er schtaat
grad näbem Container
für d Abfuer parat.

En neue Kaländer
bringt gwöhnlichi Täg.
Da chämt eim en Baum
i de Schtube in Wäg.

Em Baum bim Container
isch einewäg klar:
Im nächschte Dezämber
schtaat wie jedes Jahr

en Baum uf em Balkon.
Si händ en scho pracht.
Und s gaat na vier Täg
bis zur Heilige Nacht.

(Neue Weihnachtslieder, 2000)

Es isch es Gschänk...

Isch das en wunderschöne Tag gsii!
E sonen Tag hebt ane für es Jahr!
Es isch es Gschänk, dass mer chan i dr Lag sii,
e sonen Tag z erläbe
e sonen Tag z erläbe
trotz runde Büüch und graue oder gar kei Haar!
Eus hätt d Erinnerig verbunde,
a säbi Ziit vo anno dazumal.
Es isch es Gschänk, dass mer für e paar Schtunde
namal törf s Jahr erläbe
namal törf s Jahr erläbe
wo mer en Goof gsii isch mit Thek und Lineal.

Wir treffen uns um zehn Uhr in der «Linde»,
hätts gheisse, und es sind fascht alli cho.
Dänn zerscht emal sortiersch im Chopf die Grinde.
Du bisch de Franz –
nei, Fritz –
Tschau Max –
Jäsoo...
Wie immer füert de Hueber Guschti s Zepter.
Me proschtet siich mit chüelem Fendant zue.
Dänn rüeft de Guschti: «Los von Rom!» Dänn schtrebt er
mit eus dur s Dorf em alte Schuelhuus zue.

D Fassade, wo jetzt chridewiiss isch,
und vornedraa de Pauseplatz,
wos Abfall hätt und nüme Chiis isch
für s Päärlifangis mit em erschte Schatz.
Und d Läde glänzed grüener,
und d Feischter, offe, wiit –
doch suscht isch alls wie früener
zur Schnuderbuebe-Ziit.

Im Zimmer sibe, wo mer gleert händ schriibe,
schtönd Tisch und Schtüel, und nüme z ängi Bänk.
Hingäge hätt de Helge törfe bliibe
für d Bildbeschriibig «Frühling in der Lenk».
Für d Mäntel vor de Tüüre i de Gänge
sind d Högge eggig und us Liechtmetall.
De Abwart tunkt eim nüme sonen schtränge.
Vill ehner Mänsch – als Schuelhuus-Fäldmarschall.

Mir laded en zum Fäschtbankett ii.
De Brate isch es bitzli zäch.
Bim Dessert seit de Schlumpf, er hetti
so Dia gmacht, wo mänge gern na gsäch.
Und wienen Schtall voll Hüehner,
luegsch Bildli aa, wos gitt.
Me gaggered wie früener
zur Schnuderbuebe-Ziit.
Sogar de Lehrer Küener
macht wäg dem Krach kei Schtriit.
Doch susch isch alls wie früener
zur Schnuderbuebe-Ziit.

De Oberholzer füert e grossi Röhre.
Dä hätt bim Dorli Pfister immer gschpickt.
Und s Heidi Chäller ghörsch energisch schwöre,
sie heig de dritti Maa i d Wüeschti gschickt.
De Schwarm vo allne, d Sonja Affeltranger,
isch Mueter vo vier Chind und zimli rund.
De Wehrli Werner expliziert, jetzt fang er
mit Erdöl bohre aa im Kandergrund.

De Rappold sitzt dänn a s Piano.
Me tanzed Fox, Dreivierteltakt.
Und jede schpienzled, dass er ja no
siin alte Schuelschatz zume Süüder packt...
De Schorsch wird grüen und grüener,
will er in Whisky liit.
Doch susch isch alls wie früener
zur Schnuderbuebe-Ziit.
Dänn hätt de Lehrer Küener
na mit em Huuser Schtriit –
Und jetzt isch alls wie früener
Zur Schnuderbuebe-Ziit.

(Cabaret Rotstift, 1977)

Ahoi

Vers 1

Als Bueb han ich mir tänkt, das mües doch schön sii,
uf irgend eme Meerschiff Kapitän sii.
Und zwüsched Hongkong und de Baleare
nu nach em grosse Bär dur d Wälle faare.
Ich ha mir vorgschtellt, dass ich dänn en Bart heig,
und die bekannt rabauzig Seemanns-Art heig.
Ich wär i mini Hängematte gschloffe.
Doch vorher hett ich na feuf Whisky gsoffe.
Und all Pirate vor de Fidschi-Insle,
die würdid, wänns mich gsächted, nu na winsle.
De Seejungfraue würd ich früntli d Hand gäh,
und jedesmal die hübschischt mit an Land näh.
Als Bueb han ich mir tänkt, das seig eso.
Es isch dänn echli anderscht usecho...

Refrain:

Schtatt uf Shanghai fahr ich nur bis Horge!
Schtatt uf Rio nur bis Rapperswil!
Ich bruuch nüd emal en ganze Morge,
und scho bin ich mit miim Pfupferli am Ziel.
Nienet warted mir e blondi Lili,
wänn ich lande mit miim Kahn.
Miini Seemannsbruut isch d Frau,
miis Hawaii isch d Ufenau –
und de Zürisee – miin Ozean!
Ahoi!

Vers 2

Wänn ich am Morge mit em Kursschiff chume,
da schtönd am Schtäg nu die, wo mitwänd, ume.
Me weiss ja, dass zum Winke gar kän Grund isch,
wills halt uf Kilchberg nu e Viertelschtund isch.
Es wandred keine uus. Me füert kei Tänz uuf.
Wer bout scho z Bäch e neui Exischtänz uuf!
Sitt driissg Jahr fahr ich jetzt scho uf dem Teich, Sie,
na nie wär eine seechrank oder bleich gsii.
Wänn ein is Wasser gheit und ganz elei isch,
ja meined Sie, es chämt emal en Haifisch?
Im Bordbuech schtönd vo mir kei Heldetate.
Dänn z Meile gitts halt ebe kei Pirate!
Als blinde Passagier uf eusem Kahn
fahrt höchschtens hie und da en müede Schwan.

Refrain:

Schtatt uf Shanghai fahr ich nur bis Horge!
Schtatt uf Rio nur bis Rapperswil!
Ich bruuch nüd emal en ganze Morge,
und scho bin ich mit miim Pfupferli am Ziel.
Nienet warted mir e blondi Lili,
wänn ich lande mit miim Kahn.
Miini Seemannsbruut isch d Frau,
miis Hawaii isch d Ufenau –
und de Zürisee – miin Ozean!
Ahoi!

Vers 3
Im nächschte Früelig wännds mich pensioniere.
Jä Sie – bis dänn – da mues es na passiere!
Da sött uf eusem See emal en Schturm sii
und ich i dere Schlacht emal de Turm sii!
Nu eimal wett ich mälde, wänn ich lande:
«Bei mir an Bord ischt eine Schmugglerbande!
Ich weiss, dass Kokain im Schpiil isch,
au wänn de Boss en Bürger vo Thalwil isch.»
Ich wett nüd Guschti, sondern Johnny heisse.
Und «Hummel Hummel» rüefe, oder Sch.....
Ich wett na miini Bruscht laa tätowiere,
und mit em Sujet Frau und Chind schockiere.
Wänn ich zum letschte Mal am Schtüürrad schtaa,
sötts möglich sii, dass ich dänn singe cha:

Refrain:
Schtatt uf Horge fahr ich bis nach Schanghai!
Schtatt uf Küsnacht bis uf Sansibar!
Bis im Früelig, Mueter, chumm ich lang hei,
oder dänn beschtimmt im übernächschte Jahr!
Und wänn ich dänn äntli wider lande
z Tüüfebrunne mit miim Kahn –
ja, dänn pfiiff ich uf Shanghai
und ich freue miich ufs neu –
uf de Zürisee – miin Ozean!
Ahoi!

(Cabaret Rüeblisaft, 1963)

Früelig

Heb Sorg!	11
Z früene Früelig	12
Zaaweh	14
Oschtere	15
Im Schpiiswage	16
Nachtüebig	18
Für de Max Daetwyler	20
Vita-Parcours	22
Zirkus	23
Wänn Mane choched	25
Schuelaafang	27
Personaluusflug	29
De Maa am Morge	31

Summer

De Summermuffel	35
De Lade im Dorf	37
Schtrandbad am Sunndig	39
Chilbi	41
Mitbringsel	43
1. Auguscht	45
De Mocke Schtei vom Mond	47
Home-Trainer-Traum	48
Konfirmande-Foti	50
Plemplem	52
Samschtig Namittag	53
Scho wider Hochsig	55

Herbscht

Näbel 59
Tombola 60
Flughafe im Näbel 62
Quartierbeiz 64
Für de Emil «Stapi» Landolt 65
Euse Hauptbahnhof 1960 67
Metzgete 68
Adie Herbscht! 70

Winter

Diskussion im Winter 75
Wienachtsmäärli 77
Cheminée-Party 79
Wienachtsziit 82
Chliine Rückblick vome Chliine 83
Neujahrsmorge 85

Chansons

S Ankebälleli
(Trio Eugster, 1978) 89

Poly-Bähnli-Lied
(Trio Eugster, 1981) 91

Wänn de Böögg verbrännt
(Trio Eugster, 1975) 94

Hebed mer Sorg zu Züri
(Trio Eugster 1988) 96

S isch nüme wie früener im Militär
(«Wachtmeister Rösli», 1980) 99

S Lied vo de Rosehof-Wirtin
(Samschtig-Lied Radio DRS 1, 1977) 101

Jetzt bröötled überall Marroni
(Samschtig-Lied Radio DRS 1, 1977) 103

Bruucht mer en Schtärn?
(Neue Weihnachtslieder, 2000) 104

De Baum uf em Balkon
(Neue Weihnachtslieder, 2001) 106

Es isch es Gschänk
(Cabaret Rotstift, 1977) 108

Ahoi!
(Cabaret Rüeblisaft, 1963) 111